日本語教育のための はじめての統計分析

島田めぐみ　野口裕之　著

ひつじ書房

序
さあ日本語教育のために「統計」を始めよう

はじめの一歩を踏み出そう

この本を手にしたあなたは、日本語教育専攻の大学生・大学院生ですか、それとも日本語教師、あるいは日本語教育分野の若手研究者でしょうか。

「統計」と聞いて、どのような印象を持つでしょうか。高度な数学の知識が必要なのではないか、難しい専門分野なのではないかと考えている方も多くいらっしゃることでしょう。確かに「統計学」というのは高度な知識が必要な専門分野ではありますが、本書はそのような専門分野を学ぶ人のために書いたものではありません。ですから、もしあなたが「統計学」を専門的に学びたいというのであったら、別の本を手にとったほうがいいかもしれません。日本語教育の分野でも「統計」ということばを最近耳にすることがある、難しそうだけれども、どんなものかちょっと見てみたい、と思った方はこの本を読んでみて下さい。この本は「はじめの一歩」なのです。しかし、とにかく「はじめの一歩」を踏み出すことが大切なのです。

筆者のひとりである島田は、高校では数Ⅲを勉強しておらず、数学的素養はまったくありませんでした。しかし、テストを専門領域にしているため、最初は独学で統計を学び、のちにもうひとりの筆者である野口のもとで学びました。当時(かなり前になります)、「統計基礎」「統計入門」という本は、文字通り「統計学」の「基礎」でした。つまり、統計学や心理学を専門的に学ぶ人を主な対象者としたものであって、島田が容易に理解できるようなものではありませんでした。そのような環境で苦労しながら学びましたので、文系の人間にとって何が難しいかということを十分理解していると思います。15年ほど前から、2人の筆者はそれぞれの場で、日本語教育分野の学生を対象に「統計基礎」の授業を担当しています。現実に文系の学生を相手にして、どのように説明したら理解してもらえるかということを考え続け、

iv

試行錯誤を続けてきました。その結果生まれたのが本書です。

　本書では、難しい数式を使わずに説明することを心がけました。数式があったほうがわかりやすいという方もいますので、そういう方々のために数式も紹介しています。しかし、数式部分を読み飛ばしても十分理解できる内容になっています。我々が試行錯誤している間に統計ソフトも使いやすくなり、データを入力すれば簡単に計算できるようになりました。そのため、安易に統計分析ソフトを利用して、誤った使い方をする可能性が出てきました。残念ながら、統計手法を用いている論文の中には、「誤っている方法」「不適切な記述」「誤った解釈」などが少なからずあります。いくら容易に計算できるといっても、やはり基本的な考え方や論理構成を理解する必要があると考え、その点は妥協せず、しかしできるだけわかりやすく執筆しようと考えました。

　統計は何のために必要か、どのような考え方に基づいているか、ということを知ると世界が変わります。今まで理解できなかった論文が読めるようになりますし、自分のデータの扱い方がわかるようにもなります。まずは、本書からスタートしてみてはいかがでしょう。

どんなところで統計が必要か

　もしかしたら、みなさんは、最近の日本語教育では統計分析の基本知識が必要らしいと漠然と考えているかもしれません。あるいは、統計手法が使われた論文を理解したいと思っているかもしれません。大規模日本語テストの結果や自分が行ったテストの結果の意味や解釈をどのように学習者に伝えたらいいか困っている方や、自分が得たデータをどのように分析したらいいかわからないという方もいるかもしれません。

　もし、新しい指導法が従来の指導法に比べて、優れているということを証明するとしたらどうしたらいいでしょう。これまでは、日本語教師の「経験」や「直感」で判断したかもしれません。もちろん、それも大事な側面ではありますが、最近は「根拠に基づく（evidence based）判断」が必要になってきています。なぜなら、説明責任がともなうからです。「根拠に基づく」

とは、実際にデータを得て、そのデータをもとにいろいろな分析をして、その結果に基づいて判断するということです。データも実験をして得られる比較的小規模なデータもあれば、日本語能力試験のデータのような大規模なデータもあれば、さらにいま流行のビッグ・データもあります。どんな種類のデータも、データそのものだけでは何もいうことができません。データから意味のある結論を導き出すということは、データから中核になる情報を引き出す、ということです。そのために必要な方法のひとつが「統計的方法」なのです。

　テストの得点、学習時間などの数量的なデータを得て、平均値を計算するということは、多くの方が経験あることだと思います。平均値を計算して、得られたデータの特徴を見る、ということは統計の基本です。しかし、データの特徴を見るためには、実は平均値だけでは不十分で、標準偏差と呼ばれる指標も計算する必要があります。

　たとえば、少し古い資料ですが、2003 年度日本語能力試験の分析報告書の中で公表されている「2003 年度 1 級得点の基本統計量等」という表があります(同書 23 頁)。そこには、「文字・語彙」「聴解」「読解・文法」「総点」の平均、標準偏差が表示されています。「文字・語彙」では、平均が 69.51点、標準偏差が 13.43 点です。これは、大雑把にいうと、受験者の真ん中あたりの得点が 69.51 であり、69.51±13.43 の範囲、すなわち、56.08 点から82.94 点の範囲におよそ 2/3 の受験者が入っているということを示しています(詳しくは、同書を参照)。標準偏差が大きいと受験者は広い範囲の得点に分布し、小さいと受験者は狭い範囲の得点に分布していることを示します。すなわち、前者では差がつきやすいテストに、後者では差がつきにくいテストになっていることが標準偏差の数値を見ることによってわかります。

　もちろん、得点の分布を図にすれば概要はわかりますが、情報を指標に圧縮して表すと明確な情報になります。このように、多数のデータをいくつかの指標に要約・圧縮して表現するのに統計的方法が使われます。これを「統計的記述」あるいは「記述統計」と呼びます。

　これに対して、「統計的推測」あるいは「推測統計」と呼ばれる統計的方法もあります。この方法ではまず、大きな人数の観測対象から限られた人数

のデータを観測値として得ます。そして、そのデータを分析して、大きな人数の観測対象全体(これを母集団といいます。37ページ参照)の特徴を推測したり、全体の様子に何らかの仮説を立てて、それが正しいか否かを検証したりします。日本語教育の例には本文で触れますが、まず、仮説検証の考え方をわかりやすい例で考えてみましょう。緑色のりんごと赤いりんご、それぞれ1箱ずつあるとします。それぞれの箱には20個のりんごが入っています。緑色のりんごと赤いりんごは大きさに差がないと聞いていたのですが、緑色のりんごの箱と赤いりんごの箱から1個ずつりんごを取り出したら、赤いりんごのほうが大きかったらどう思いますか。20個のうちの1個を比べただけですから「偶然かな」と思うのではないでしょうか。つまり、「本当は差がないけれど、たまたま選んだ赤いりんごが大きかったのだろう」と考えると思います。次に、両方の箱から5個ずつ取ったら、すべて赤いほうが大きかった場合はどうでしょう。「大きさに差がない」という前提が間違っていたのではないかと考えるのではないでしょうか。統計分析では、このように、得られた一部のサンプルデータ(この場合、たまたま箱から取り出したりんご)をもとに計算を行い、母集団(この場合、箱に入っている緑色のりんご20個と赤いりんご20個)において「差がない」という前提(統計分析では「仮説」といいます)が正しいかどうかを推定します。

このように、統計分析を行えば、全データが得られていなくても、一部のデータを用いて全データについて様子が推測できるのです。言語教育の分野の論文を見ると、たとえば「第二言語及び外国語としての日本語学習者における非現場指示の習得 ―台湾人の日本語学習者を対象に―」(詳しくは 64 ページ参照)、「日本語学習者の異文化態度に関する意識調査―日本語専攻の中国人学生を対象に―」(詳しくは 108 ページ参照)というようなものがあります。これらの研究では、それぞれ「台湾人の日本語学習者」や「日本語専攻の中国人学生」全データを扱うことは不可能なのでサンプルデータを扱い、統計分析を行っています。一部のデータを扱う研究では、統計分析を行わない限り、得られたデータの特徴が偶然起こったものなのかそうではないのかを正確に判断することはできないのです。

統計的方法の誤用は大きな迷惑！

統計の基礎を解説する本を執筆しようとした理由は、実はもうひとつあります。統計手法を用いている論文の中に、「誤っている方法」「不適切な記述」「誤った解釈」などが少なからずあるからです。「誤っている方法」としては、適切な人数で統計分析を行っていない、適切な手順をとっていないなどの例があります。また、正しい方法を用いていても、「不適切な記述」という例もかなりあります。例えば t 検定と呼ばれる検定法がありますが、そこでは平均値と標準偏差を報告するべきですが、記述されていないことがあります。また、視覚的に見せようとグラフを用いるために重要な数値的データが記述されていない場合もあります。そして、最後の「誤った解釈」として、相関の例があります。相関というのは 2 種類のデータ (たとえば漢字テストの得点と読解テストの得点) の間の関係を数値で表すものですが、相関の検定では「相関がゼロか、そうではないか」ということがわかります。そして、「相関はゼロではない」という結果が得られただけで、「相関係数が高い」「漢字テストの得点が高い人は読解テストの得点も高い」というような拡大解釈をしている事例を見ることがあります。これらの例は、査読されている論文の場合もあります。統計手法を用いると説得力が増しますので、論

文の著者はその分慎重に用いて、必要な情報を報告し、慎重に解釈する責任があります。また、これからは、統計手法を用いた論文を読んで、ある程度基本的なことであれば、正しく判断できる能力を持つ必要があると思います。しかし、なぜこのような「誤った解釈」をするようなことが起きるのでしょうか。統計を学ぶチャンスがあまり多くないということもありますが、やはり、統計というのは多くの人にとってハードルが高いのではないでしょうか。そこで、わかりやすい、日本語教育研究のための統計の基礎を学べる本を執筆しようと思いました。

　日本語教育に関する重要な知見を得るためには、統計的方法は必要不可欠な道具のひとつです。本書では、これまで統計的方法に縁がなかった日本語教師の方々や、日本語教師を目指して勉強している学生のみなさん、また、日本語教育に関係する研究を志す大学院生や指導的な立場にいらっしゃる日本語教師の方々に、統計的方法の考え方を理解していただき、実際に分析ができるようになっていただけることを願って題材を選び、記述しました。最初からすべてを理解する必要はありません。考え方、実際の研究例、統計分析ソフトによる分析例を行ったり来たりして、わかることとわからないことをはっきり認識して下さい。

　さあ、始めましょう！

　最後に、桜美林大学大学院、東京学芸大学大学院、早稲田大学大学院、麗沢大学大学院の授業で貴重な意見をくださった皆さん、初稿に目を通し貴重な意見をくださった奥山貴之さん、イラストを書いてくださった柏木牧子さん、構成や書きぶりについて多くのアドバイスをくださったひつじ書房の海老澤絵莉さん、おひとりおひとりに心から感謝申し上げます。

目次

序　さあ日本語教育のために「統計」を始めよう　　　　　　iii

I　統計の基礎1
統計的記述

第1章　1変量の統計　　　　　　　　　　　　　　　　　3

1.1　変数の種類　　　　　　　　　　　　　　　　　　　3

1.2　データの特徴の表し方　　　　　　　　　　　　　　5

　　1.2.1　度数分布表とヒストグラム　　　　　　　　　5

　　1.2.2　平均値と中央値　　　　　　　　　　　　　　8

　　1.2.3　分散と標準偏差　　　　　　　　　　　　　　10

　　1.2.4　標準化　　　　　　　　　　　　　　　　　　12

　　1.2.5　正規分布　　　　　　　　　　　　　　　　　13

コラム　偏差値は Z 得点？？？　　　　　　　　　　　15

第2章　2変量の統計　　　　　　　　　　　　　　　　17

2.1　関連の度合いを表す指標　　　　　　　　　　　　　17

2.2　曲線相関　　　　　　　　　　　　　　　　　　　　27

2.3　回帰直線と回帰係数　　　　　　　　　　　　　　　28

研究例　　　　　　　　　　　　　　　　　　　　　　　32

問題　　　　　　　　　　　　　　　　　　　　　　　　33

応用問題　　　　　　　　　　　　　　　　　　　　　　34

II　統計の基礎 2
統計的推測

第 3 章　統計的推測の考え方　　37

3.1　母集団と標本　　37

3.2　標本分布　　38

コラム　「大数の法則」と「中心極限定理」　　40

3.3　統計的検定　　40

3.4　両側検定と片側検定　　43

3.5　仮説　　44

コラム　確率変数　　48

問題　　49

第 4 章　平均値の差の検定　t 検定　　51

4.1　t 検定とは？　　51

4.2　t 検定の種類　　51

4.3　対応のある t 検定　　53

4.4　対応のない t 検定　　54

4.5　SPSS での計算例　　57

研究例 1　　64

研究例 2　　65

コラム　t 検定の繰り返しをしてはいけない理由　　66

問題　　68

第 5 章 クロス集計表の分析 χ^2 検定 69

5.1 χ^2 検定とは？ 69

5.2 クロス集計表 69

5.3 χ^2 検定 72

5.4 SPSS での計算例 74

研究例 1 81

研究例 2 82

問題 84

Ⅲ 少し進んだ分析法

第 6 章 分散分析 89
複数の母集団の平均値の差を検討する

6.1 分散分析とは？ 89

6.2 一元配置の分散分析 90

6.3 分散分析の考え方 92

6.4 二元配置の分散分析 95

6.5 SPSS での計算例 99

コラム 母数モデル・変量モデル・混合モデル 105

コラム F 分布表 106

研究例 1 108

研究例 2 109

問題 111

xii

第 7 章　因子分析
データに共通する概念を探る

7.1　因子分析とは？ 113

7.2　顕在変量と潜在変量 114

7.3　因子分析を利用した研究例 114

7.4　一般的な因子分析の手順 118

7.5　因子分析の解 126

7.6　SPSS での計算例 128

問題 134

次の段階の学習に向けて 137

問題の解答と解説 143

引用文献 149

索引 151

I

統計の基礎 1

統計的記述

第 1 章
1 変量の統計

1.1 変数の種類

　みなさんはどのようなデータを分析したいのでしょうか。テストの得点で
しょうか。質問項目への回答でしょうか。あるいは、ある語がコーパスなど
に出現する頻度でしょうか。このようなデータを**変数**(variable)と呼びます。
たとえば、日本語学習者を対象にある調査をして表 1–1 のようなデータ(母
語、学習期間、質問への回答)が得られたとします。これらのデータを整理
する時どのようなことをするでしょうか。「母語」の結果を集計する場合
は、母語別に何人いるか数え、「学習期間」は数値で表されているので平均
値を計算したりするでしょう。「回答 1」は、「母語」と同じように、「はい」
が何人、「いいえ」が何人というようにカテゴリーごとに集計するのではな
いでしょうか。このようにデータつまり変数の種類により、整理の仕方は異
なり、選ばれる統計手法も異なります。そこで、変数の種類を知る必要がで
てきます。**変数**は、**名義尺度**、**順序尺度**、**間隔尺度**、**比(率)尺度**の 4 つの
水準に分類されます。以下にひとつずつ見ていきましょう。なお、変数は
「**変量**」ということもあります。

表 1–1　調査データ例

母語	学習期間(月)	回答 1
中国語	10	はい
タイ語	16	はい
韓国語	8	いいえ
中国語	12	はい
フランス語	12	いいえ

●名義尺度

　「名義尺度」というのは、男性か女性、漢字圏か非漢字圏のように、その

価値や程度を数値で表せないものです。場合によっては、男性は1、女性は2と番号を振ることもありますが、男性の1より女性の2のほうが大きいとか、男性のほうが女性より先に来る、というような数値の大小に意味はありません。ですから、性別の平均値は「1.2」というように、平均値を求めることはできません。このような変数を名義尺度水準の変数といいます。略して名義変数ともいいます。名義尺度の例は次のとおりです。

例：母語（日本語／中国語／韓国語／その他）、学習環境（日本国内／国外）、受験地コード番号

●順序尺度

「順序尺度」は、数値が単に名義的に異なることを表すだけでなく、数値の大きさが変数の表す内容に関して何らかの順序性を表します。たとえば、マラソンの順位を考えてみましょう。1位と2位は10秒差、2位と3位は30秒差というように、それぞれの間隔は等しくないことが普通です。また、後で述べる比（率）尺度と違って、絶対的な「ゼロ」も存在しません。ゴールに到着した順序、すなわちマラソンで走った速さの順序を表しています。順序尺度水準の変数を略して順序変数ということがあります。順序尺度の例は以下のとおりです。

例：成績順位、科目の好きな順位（たとえば、1番好きなのは「作文」、2番目に好きなのは「講読」のように各科目が何番目に好きか）

●間隔尺度

「間隔尺度」では、数値が表す特性（目盛）の間隔、たとえば「1と2の間隔」と「2と3の間隔」は等しくなります。ただ、次に述べる「比（率）尺度」とは違い、絶対的な「ゼロ」（原点）が存在しません。たとえば、気温を考えてみましょう。摂氏0度というのは、温度が存在しないことを示しているでしょうか。そうではないことは、華氏で表すと32度になることからわかります。つまり、絶対的な「ゼロ」は存在しません。ですから、摂氏10度の2倍は20度という比率計算は意味を持ちません。言語教育の分野では、テスト得点が間隔尺度と考えられます。あるテストで0点だからといっ

て、その分野についての知識や能力が「まったくない」ということを示しているわけではありません。このように間隔尺度の性質を持つ変数を間隔変数ともいいます。間隔尺度の例は以下のとおりです。

例：テスト得点、心理検査の標準得点

●比(率)尺度

最後の「比(率)尺度」の特徴は、絶対的な「ゼロ」すなわち、原点が存在すること、そして目盛の間隔が等しいということです。長さ(センチメートル、以下センチと略す)を例に考えてみましょう。0センチといったら長さが存在しないことを示します。つまり、10センチの2倍は20センチという比率計算が意味を持ちます。このようなことを絶対的な「ゼロ」が存在するといいます。そして、1センチと2センチ、2センチと3センチ、それぞれの間隔は等しいという特徴があります。比(率)尺度水準の変数を略して比(率)変数ということがあります。比(率)尺度の例は以下のとおりです。

例：学習時間、文章を読む時間、文字数

統計分析上、間隔変数と比(率)変数とは区別せず、どちらの変数も同じ統計手法を用いることができる場合が多くあります。4つの変数の特徴をまとめると表1-2のようになります。

表1-2　尺度まとめ

	順序性	目盛りの間隔の等しさ	絶対原点の存在
名義尺度	×	×	×
順序尺度	○	×	×
間隔尺度	○	○	×
比(率)尺度	○	○	○

1.2　データの特徴の表し方

1.2.1　度数分布表とヒストグラム

各変数の特徴が理解できたら、それに応じて適切な方法でデータを分析す

6 I 統計の基礎1

ることができます。データが得られたら、まず得られたデータの全体的な特徴を見ます。間隔尺度と比(率)尺度のデータ分布を表すには度数分布表とヒストグラムという2つの方法があります。

●度数分布表

表1–3はあるテスト得点の分布を表す**度数分布表**です。0点から10点未満の間に2名、10点から20点未満の間に5名いるということがわかります。

表 1–3　度数分布表例

得点段階	度数
0 以上 – 10 未満	2
10 以上 – 20 未満	5
20 以上 – 30 未満	12
30 以上 – 40 未満	20
40 以上 – 50 未満	35
50 以上 – 60 未満	50
60 以上 – 70 未満	45
70 以上 – 80 未満	35
80 以上 – 90 未満	20
90 以上 – 100 以下	6

●ヒストグラム

表1–3のこの分布を視覚的に表すと、図1–1のようになります。これを**ヒストグラム**と呼びます。図1–1のように、ヒストグラムでは横軸をデータの値(ここではテスト得点)として、縦軸は、データの個数(度数)とします。

ヒストグラムは一見棒グラフと似ていますが、まったく別のものです。棒グラフでは棒と棒の間にスペースがありますが、ヒストグラムでは隣同士の棒と棒が接しています。ヒストグラムの棒の幅は対応する階級幅を示します。「0 – 10未満」と「10以上 – 20未満」のように隣り合う階級は連続しています。そのため、隣接する階級の棒はお互いに接してなければいけませ

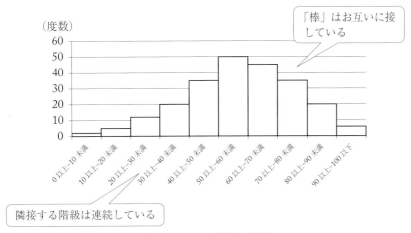

図1-1　ヒストグラム例

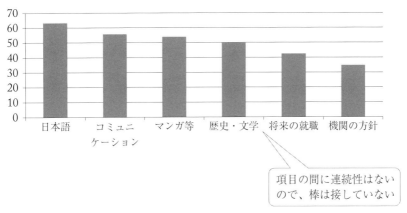

図1-2　棒グラフ例

ん。図1-2の棒グラフは、国際交流基金が2014年に調査した日本語学習者の学習動機を示したものです。選択枝は「日本語そのものへの興味」「日本語でのコミュニケーション」「マンガ・アニメ・J-POP等が好きだから」「歴史・文学等への関心」「将来の就職」「機関の方針」などが設定されており、複数回答可で回答を得ています。ここでは、回答者数の多い項目だけとりあ

げ図に表しました。この場合、それぞれの項目に連続性はありませんので、棒が接してはいけません。

　ヒストグラムを用いる最大の理由は、データの分布の形を見ることにあります。図1-1のように、ほぼ左右対称でベルのような形になっている分布を正規分布といいます（1.2.5参照）。統計手法によって、データが**正規分布**をなしていることが前提となる場合があるので、ヒストグラムを描いて確認します。

1.2.2　平均値と中央値

　次に、得られたデータの中心的な値を確認します。そのためにもっとも多く用いられるのが平均値です。その他、中央値、最頻値などがあります。以下では、平均値と中央値について説明します。

●平均値

　平均値（mean）は一般的によく使われるもので、全データの値を合算した数値をデータ数で割って求めます。図1-3のように、2つのグループからデータを収集した場合、平均値（mean）を示すことにより、特徴を表すことができます。この2つのグループは、分布の形が同じですが、平均値は異なっています。

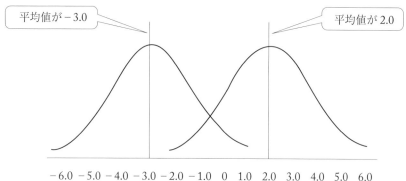

図1-3　平均値が異なるデータ例

> **参考**　平均値＝全データの数値の合計 ÷ データ数
>
> $$\bar{X} = \frac{1}{n}\sum_{i=1}^{n} X_i$$

●中央値

中央値（median）は、データを大きさの順に並べて、真ん中の順位のデータの値で表します。ここでは、テストの得点を例にとりましょう。たとえば、表1–4のように、受験者が9人だった場合、真ん中の順位、つまり第5位の受験者の得点（75点）が中央値となります。表1–5のように、受験者数が10人というように偶数だった場合は、第5位の得点と第6位の得点の間の数値（73点）を中央値とします。

表1–4　中央値の例1

受験者	1	2	3	4	5	6	7	8	9
得点	95	90	83	77	**75**	72	65	54	43

中央値は「75」

表1–5　中央値の例2

受験者	1	2	3	4	5	6	7	8	9	10
得点	95	90	83	77	**75**	**71**	65	54	43	38

中央値は「75」と「71」の間、つまり「73」

●平均値と中央値の違い

平均値と中央値の違いについて、表1–6を例にして考えてみましょう。表1–6は、第9位の受験者以外の得点は表1–4と同じです。中央値は、表1–4の場合も表1–6の場合も75点で変わりありません。しかし、平均値では、受験者9が43点の場合（表1–4）は72.7点、受験者9が0点の場合（表

10　I　統計の基礎1

1–6)は 67.9 点と約 5 点の差が生じます。この受験者 9 が特に異質で、この集団を特徴づける値としてふさわしくない場合は（たとえば後からクラスに入った、テストに遅刻した、たまたま体調が悪かった場合など）、中央値のほうが平均値よりも集団を代表する値としてふさわしいといえます。このように、受験者の中に極端に得点の低い者あるいは極端に高い者がいた場合、平均値ではその受験者の得点が影響されますが、中央値では、順位は変わらないので値には影響されません。

表 1–6　中央値の例 3

受験者	1	2	3	4	5	6	7	8	9
得点	95	90	83	77	**75**	72	65	54	0

0 点の人がいても、中央値は「75」

1.2.3　分散と標準偏差

　ある集団から比（率）尺度や間隔尺度のデータが得られて、その結果をまとめる場合、上記のとおり中心的位置がどのぐらいか報告しますが、同時にデータがどのぐらいの範囲に散らばっているかということも報告する必要があります。なぜ平均値（あるいは中央値）だけでは不十分か、例を見ながら考えてみましょう。表 1–7 にあげるのは、A クラスのテスト結果と B クラスのテスト結果です。いずれも、平均値は 60 点です。しかし B クラスは、A クラスと比べて、広範囲に得点が散らばっているのがわかります。A クラスでは、70 点は最高得点ですが、B クラスでの 70 点はそうではありません。このようなことは、平均値だけの情報ではわかりません。このようなデータの散らばり具合を数値で表すものが**分散**（variance）や**標準偏差**（standard deviation）です。分散や標準偏差が大きければ、B クラスのように得られたデータは平均値から拡散して分布しているということを示し、逆に小さければ、A クラスのように平均値付近に集中して分布しているということを示します。

表 1-7 データの散らばりの例

Aクラスは平均値(60点)付近の得点が多い

Aクラス							
49	51	54	58	63	66	69	70
Bクラス							
25	35	45	55	65	75	85	95

Bクラスのデータは平均値(60点)から拡散している

● 標準偏差の算出方法

　標準偏差とは、各データが平均値から平均してどのぐらい離れているか、ということを示す指標です。表1-7のAクラスの標準偏差を計算してみましょう。①表1-8の2行目にあるとおり、まず各得点と平均値の差を計算します。たとえば、49点の学生は平均値を引くと−11点となります。②標準偏差は、平均値からどのぐらい離れているかを考えるので、平均値より高いか低いか、つまり数値がプラスかマイナスかは問題ありません。そこで、得点から平均値を引いた数値を二乗して、マイナスの符号をなくします。49点の学生の場合は$(-11)^2$、つまり121点となります。これが表1-8の3行目の数値です。③ここで得られた数値(3行目)の平均値を計算すると58.5点となります。この数値を**分散**といいます。④この数値は二乗した数値の平

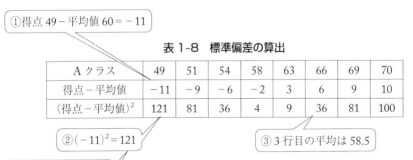

表 1-8　標準偏差の算出

① 得点49 − 平均値60 = − 11

Aクラス	49	51	54	58	63	66	69	70
得点 − 平均値	− 11	− 9	− 6	− 2	3	6	9	10
(得点 − 平均値)^2	121	81	36	4	9	36	81	100

② $(-11)^2 = 121$

マイナスがとれた！

③ 3行目の平均は58.5

12 　I　統計の基礎1

均値なのでルートで開きます。そうすると7.6点となります。この数値が**標準偏差**です。

　Aクラスの学生の得点は、平均値60点から平均して7.6点離れていることになります。分散と標準偏差の式は次のようになります。

参考

分散 ＝ {(各データの数値−平均値)²の合計} ÷ データ数

$$S^2 = \frac{1}{n}\sum_{i=1}^{n}\left(X_i - \bar{X}\right)^2$$

標準偏差 ＝ 分散を√で開く

$$S = \sqrt{S^2}$$

　標準偏差も分散もデータの散らばりの程度を示す指標ですが、標準偏差のほうがもとのデータと同じスケール上の値で表されるので、散らばりの程度を実感しやすく、データの基本統計量を報告する時は標準偏差を用います。分散のほうは、ルートで開く手間を省くことができるのと、統計的推測理論を展開する時に扱いやすい性質があるため、目的に応じて使用されます。

1.2.4　標準化

　日本語のクラスでの中間テストの結果と期末テストの結果を比較したいということがあるかもしれません。しかし、この2つのテストは受験者は共通ですが、平均値も標準偏差も異なるので、得られた得点を単純に比較することはできません。たとえば、表1–9にあるようにリーさんは中間テストで80点、期末テストで78点をとりました。この2つのテスト得点を**標準化**することにより、両者の比較が可能になります。標準化するためには、各データ(観測値)から平均値を引いて、標準偏差で割ります。その結果、標準化されたデータは、常に平均値が0.0、標準偏差が1.0になります。表の例では、中間テストのリーさんの標準得点は、(80–75)/7.2で計算でき、0.7

となります。期末テストの標準得点は、$(78-71)/4.5$ で計算でき、1.6 となります。標準得点にしたことにより、期末テストの結果のほうが高いということがわかります。

標準得点 = (観測値 − 平均値) ÷ 標準偏差

表 1-9　リーさんの得点

	平均値	標準偏差	リーさん得点	リーさん標準得点
中間テスト	75	7.2	80	0.7
期末テスト	71	4.5	78	1.6

　もし、観測値が平均値より低い場合はマイナスの数値が得られ、平均値より高い場合はプラスの数値になります。標準化されたデータは、**標準得点**あるいは **Z 得点**（z は小文字で書きます）と呼ばれます。標準得点を利用すると、集団内での相対的な位置を表すことができるようになります。たとえば文法と漢字といった異なるテストを受けた場合、観測値では平均値も標準偏差も異なるため、学習者個人にとって文法と漢字のうちどちらのテスト結果のほうが相対的にいい成績だったかを知ることはできません。標準得点を比較することにより、どちらが集団の中で相対的に位置が上かを知ることができます。

　ただ、上で述べた z 得点の場合、小数点のついた得点や負の得点になることがあるため、受験者にとってわかりにくい、あるいは、抵抗感がある、などの問題があります。そのため、z 得点に 10 をかけて、50 を加えた数値を用いることが多いです。そうすることにより、平均値が 50、標準偏差が 10 となります。この得点を **Z 得点**と呼びます（ゼットが大文字であることに注意して下さい）。（コラム参照）

1.2.5　正規分布

　ヒストグラムを描いたとき、図 1-4 のように、平均値付近がもっとも頻度が高く、平均値から遠くなるほど頻度が低くなるような分布で特定の曲線

を示すものを**正規分布**(normal distribution)といいます。正規分布の曲線はベルのような形を示しますので、**釣り鐘形曲線**(bell curve)といわれます。山がふたつあったり、山が中央ではなく右か左に偏ったりする場合は、正規分布ではありません。身長、体重など自然現象のデータを表す場合はほぼ正規分布の形になります。このようなことから、統計学の世界では、実際のデータを集計した時によく見られる分布型の曲線をモデル化して、そのような形状を示す分布を正規分布と呼びます。

　データが正規分布を示すとき、図1–4のように、平均値からプラスマイナス1標準偏差の間に全データのうち68.26％のデータが入り、プラスマイナス2標準偏差の間に95.44％、プラスマイナス3標準偏差の間に99.74％が入ります。平成21年度の20歳日本人女性の身長を例にとると、平均値は158.3cm、標準偏差は5.2cmです。プラスマイナス1標準偏差の範囲は、153.1cmから163.5cmの間となり、この間に68.26％の20歳女性が入るということになります。そして、プラスマイナス3標準偏差の範囲142.7cmから173.9cmの間に99.74％が入ります。なお、平均値は M、標準偏差は SD と表すことが多いです。

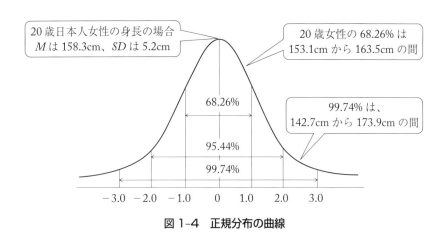

図1–4　正規分布の曲線

第1章　1変量の統計　15

コラム　偏差値は Z 得点？？？

　日本の中学、高校に通った人で偏差値という言葉を聞いたことがない人はいないでしょう。偏差値というのは、平均値と標準偏差をもとに計算したもので、標準得点の一種です。たとえば、国語の得点と英語の得点を比較しようとか、1学期の得点と2学期の得点を比較しようとした場合、偏差値に変換する前の素点（raw score）では、平均値も標準偏差も異なるため、単純に得点を比較することはできません。そこで、平均値を50点、標準偏差を10点にそろえることにしました。そうすれば、相互に比較することが可能になるからです。そのための変換の式は次のとおりです。

$$\{(自分の得点 - 平均値) \div 標準偏差\} \times 10 + 50$$

たとえば、ある学校で日本語の「語彙」「読解」「文法」の試験を実施し、平均値と標準偏差は次のとおりだったとします。

	語彙	読解	文法
平均値	75	50	70
標準偏差	10	20	15
リン（素点）	65	60	70
リン（偏差値）	40	55	50

　もしリンさんがこれらのテストを受け、得点が65点、60点、70点だったとします。この素点で比べると、文法＞語彙＞読解で、読解がもっとも「出来が悪い」ことになります。これらの得点を偏差値に換算すると、どうなるでしょう。リンさんの読解の素点を偏差値に換算してみましょう。

　読解の素点60点からテストの平均値を引きます。60 − 50 ＝ 10

　その数値をテストの標準偏差で割ります。10 ÷ 20 ＝ 0.5

その数値に 10(変換したい標準偏差)をかけます。0.5×10 = 5

その数値に 50(変換したい平均値)を足します。5 + 50 = 55

リンさんの読解の偏差値は 55 となります。すべて計算すると、語彙の偏差値 40、読解 55、文法 50 となり、読解＞文法＞語彙で、読解がもっとも「出来がいい」ことになります。このように、偏差値を使うことにより、個人内での相対的な得意・不得意を明らかにすることができます。

もう気が付いたかと思いますが、「偏差値」は統計用語でいう「Z 得点」のことだったのです。なお、Z 得点の分布が正規分布になるように得点を変換したものが用いられることがありますが、この場合は特に T 得点と呼びます。

第 2 章
2 変量の統計

2.1 関連の度合いを表す指標

　クラスで漢字のテストと読解のテストを行いました。漢字テストの得点が高い学生は読解テストでも得点が高いのでしょうか。あるいは両方のテストの関連性は低いのでしょうか。そのようなことを調べたいときには、両方のテスト結果の**相関係数（ピアソンの積率相関係数）**を計算し検討します。ほかにはたとえば次のような研究で相関係数を用います。
［こんな時に使う！］
・複数の年少者の、母語の読解能力と第 2 言語の読解能力の間に関連性があるかを調べます。
・10 人の日本語学習者が書いた作文を、2 人の評定者が評定した場合、2 人の評定者の評定結果がどの程度一致しているかを調べます。
・日本語学習者 30 名の自己評価の結果と客観テストの結果がどの程度一致するかを調べます。

●散布図
　相関係数の意味を考えるために**散布図**を見てみましょう。散布図とは、2 つの比（率）尺度あるいは間隔尺度水準の変数間の関係を示すグラフのことです。図 2–1 では、ひとつの変数（横軸）が 10 の時もうひとつの変数（縦軸）も 10、ひとつの変数（横軸）が 20 の時もうひとつの変数（縦軸）も 20 というように、一方の変数が 1 単位大きくなればもう一方の変数も 1 単位大きい値となるという関係にあることがわかります。図 2–1 のような場合、相関係数を計算すると 1.0 になります。また、図 2–2 のように、片方の変数が 1 単位大きくなれば、もう一方の変数は必ず 2 単位大きくなる、という場合も相関係数は 1.0 となります。図 2–3 は、図 2–1 の逆で、一方が 1 単位大きく

なると、もう一方の変数は1単位小さい値となります。図2–1が正の相関を示しているのに対して、図2–3は負の相関関係にあるといいます。図2–3の場合、相関係数は−1.0となります。そして、次の図2–4は、今までの図とは異なり、一方が大きくなるともう片方も大きくなる、あるいは小さくなる、というような傾向はほとんど見られません。このような場合、2つの変数の間の相関関係は非常に低くなり、相関係数は0に近い数値になります。実際に相関係数を計算すると0.01という値となります。このような0に近い数値の場合は、両変数の間に相関関係はないといえます。次に、図2–5のような散布図を示す場合は、図2–1のような直線上に乗る関係ではありませんが、一方の変数が大きくなるともう一方の変数も大きくなる傾向が見られ、正の相関関係がありそうです。実際相関係数を計算すると0.62となります。相関係数は r で表します。

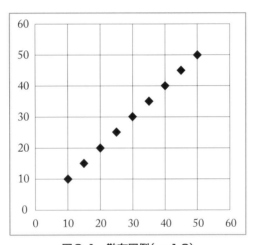

図2-1　散布図例(r=1.0)

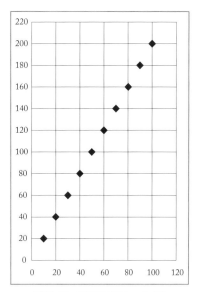

図2-2　散布図例($r=1.0$)

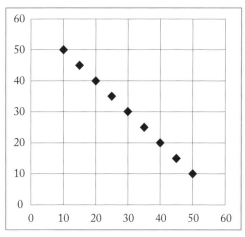

図2-3　散布図例($r=-1.0$)

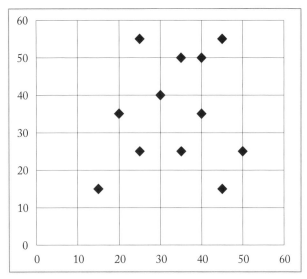

図2-4　散布図例($r=0.01$)

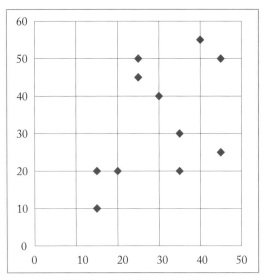

図2-5　散布図例($r=0.62$)

第2章 2変量の統計 21

> **参考** 相関係数は、次の式で計算できます。
>
> $$r = \frac{(x \ge y \text{の共分散})}{(x \text{の標準偏差})(y \text{の標準偏差})} = \frac{Sxy}{Sx \cdot Sy}$$
>
> 共分散は次のように計算できます。
>
> $$Sxy = \frac{1}{n}\sum_{i=1}^{n}(X_i - \bar{X})(Y_i - \bar{Y})$$

●相関係数

　相関係数は－1.0 から＋1.0 の値をとります。次の表 2–1 は、あるクラスの学生 A から J の 10 人の漢字テストと読解テストの結果です。その結果を**散布図**で表したのが図 2–6 です。横軸（X 軸）が漢字の得点、縦軸（Y 軸）が読解の得点を表しています。一番左のプロットは学習者 C の結果（漢字 45、読解 38）を表しているのがわかるでしょうか。この 2 つの変数の相関係数を計算すると、0.947 となります。

表 2-1　漢字テストと読解テストの関連性

	A	B	C	D	E	F	G	H	I	J
漢字	90	87	45	59	78	67	92	82	66	75
読解	85	89	38	42	88	65	90	86	58	69

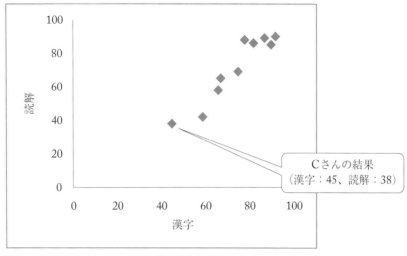

図2-6　散布図例(*r*=0.947)

　相関係数を根拠に、2つの変数の関連を検討しますが、おおむね次のように考えます。

- −0.2〜0.2　　　　　　　　ほとんど相関がない
- −0.4〜−0.2,　0.2〜0.4　　弱い相関がある
- −0.7〜−0.4,　0.4〜0.7　　中程度の相関がある
- −1.0〜−0.7,　0.7〜1.0　　強い相関がある

　しかし、データの性質によって、相関が高く出やすいものと、そうではないものがあります。このようなことをいわば「相場感」ともいえますが、相関係数を解釈する時はこのようなことも考慮する必要があります。

　SPSS（Statistical Package for Social Sciences を略したもので、IBM 社の統計解析ソフトウェア、本書ではバージョン 23 を用いています）などの統計ソフトで相関係数を計算すると、**無相関検定**の結果も表示されます。無相関検定については、46 ページを参照してください。

●相関係数の解釈

　相関を考えるときに注意しておきたいことは、集団の範囲を広くとりあげた場合は、範囲の小さい集団をとりあげた場合よりも相関係数の値が大きくなるということです。たとえば、日本語上級クラス受講者の読解テストと漢字テストの間の関係を見るときは、上級クラスに限っているため集団の範囲は小さくなり、散布図は図2–7のように高得点にデータが集中しています。図2–7の相関係数を計算すると0.247となります。一方、日本語初級から上級までの全受講者の読解テストと漢字テストの間の散布図は図2–8のようになり、相関係数は0.783と大きい値が得られます。実は図2–7のデータは図2–8の一部となっています。つまり、上級クラスの結果だけを見て、読解テストの結果と漢字テストの結果の関連性は低いと結論づけるのは危険だといえます。

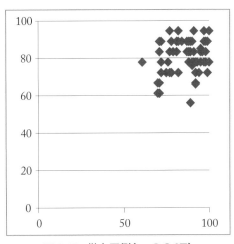

図2-7　散布図例(r＝0.247)

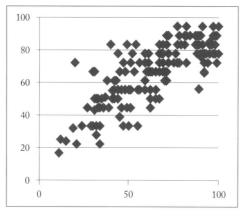

図2-8　散布図例($r=0.783$)

　また、相関関係は因果関係ではないということにも気をつけましょう。たとえば、読書量と漢字テストの結果の間に、比較的高い正の相関関係が見られたとしましょう。これは、読書量が多いと漢字テストの結果が高くなるというような因果関係を意味しているわけではありません。漢字の知識がある人は日本語の本を読むことができるため読書量が増えているのかもしれません。あるいは、漢字に興味がある人はテスト結果もよく、読書量も多いということかもしれません。相関関係からいえることは、2つの変数の間に関連性があるかどうかということだけで、因果関係まではわかりません。

● SPSS 計算例

　表2-1の情報をSPSSに入力し、相関を計算すると、分析結果は表2-2のようになり、漢字と読解の得点の間の相関係数が0.947だということがわかります。表の下の＊＊部分については、47ページを参照してください。

第2章　2変量の統計　25

表 2-2　読書量と漢字テストとの相関係数

		漢字	読解
漢字	Pearson の相関係数	1	.947**
	有意確率（両側）		.000
	度数	10	10
読解	Pearson の相関係数	.947**	1
	有意確率（両側）	.000	
	度数	10	10

**. 相関係数は 1% 水準で有意（両側）です。

　相関係数にはいくつか種類がありますが、ここまで説明した相関係数（ピアソンの積率相関係数）は、間隔尺度あるいは比（率）尺度の2つの変量の間を検討するものでした。言語学や言語教育の分野で扱われる相関係数は、ほとんどがピアソンの積率相関係数ですが、以下に、順序尺度の変量を扱う相関係数、3つ以上の変量間の関連度を表す指標を解説します。

●順位相関係数

　比較する変量が順序尺度であったときに、**スピアマンの順位相関係数**か**ケンドールのτ（タウ）**で計算します。スピアマンの順位相関係数の場合、もし2種類の変量の順位が完全に一致していたら +1.0、完全に逆であると −1.0 となります。表 2–3 の例では、5 人が文法テストと読解テストを受験して、両方のテストの順位が完全に一致しており、順位相関係数を計算すると 1.0 となります。積率相関係数と同じ結果になります。

表 2-3　順位相関係数のためのデータ例 1

受験者	A	B	C	D	E
文法テストの順位	1	2	3	4	5
読解テストの順位	1	2	3	4	5

26 I 統計の基礎1

　ケンドールのτでは、データの大小関係のみで計算します。次のような
データを得たとします（表2–4）。受験者Aと受験者Bを比較すると、文法
テストはAのほうが順位が上ですが、読解テストではBのほうが上であ
り、「順位の一致しない組み合わせ」だということがわかります。受験者B
とCを見ると、どちらのテストもCのほうが順位が上であり、この場合は
「順位の一致する組み合わせ」となります。このようにすべての組み合わせ
（この例の場合10通り）を検討して、「順位の一致する組み合わせ」の数と
「順位の一致しない組み合わせ」の数をもとに計算します。この例をケン
ドールのτで計算すると-0.2となりますが、スピアマンの順位相関係数で
は-0.3となり、両者の値は異なります。

表2-4　順位相関係数のためのデータ例2

受験者	A	B	C	D	E
文法テストの順位	1	4	2	3	5
読解テストの順位	5	2	1	4	3

　その他にも次のような2変量間の関連の度合いを表す指標があります。

●相関比
　ひとつの変量が順位尺度や名義尺度のような質的データ、もうひとつの変
量が間隔尺度や比（率）尺度のような量的データのときには、**相関比**を使いま
す。相関比はη（イータ）で表されます。$0 \leqq \eta^2 \leqq 1$の範囲をとります。

●ケンドールの一致係数
　順位相関係数は2変量間の関係をとりあげましたが、3変量以上を検討す
る時は**ケンドールの一致係数**を計算します。ケンドールの一致係数は、W
（ダブリュ）で表されます。$0 \leqq W \leqq 1$の範囲をとります。

2.2 曲線相関

ところで、ここまでは相関係数を根拠に、2つの変数の関連の度合いが検討できるということを述べてきました。しかしながら、厳密にいうと相関係数は2つの変数の「直線的な関連の度合い」を表し、たとえば図2-9に示すような、「曲線的な関連の度合い」は表すことができません。そのような場合には、「相関比」を用います。図2-9の場合、上の図では当初X軸の値が大きくなるにつれて、Y軸の値も大きくなっていますが、途中からX軸の値が大きくなるのに対してY軸の値が反転して小さくなっています（専門的には「上に凸（トツ）」といいます）。相関係数の値は0.067です。下の図では当初X軸の値が大きくなるにつれて、Y軸の値もが小さくなっていま

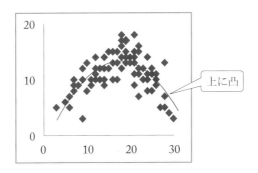

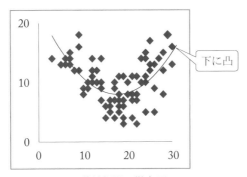

図2-9　曲線相関の散布図

すが、途中からX軸の値が大きくなるのに対してY軸の値が反転して大きくなっています(専門的には「下に凸(トツ)」といいます)。相関係数の値は－0.039になります。どちらの場合もX軸とY軸の変量間に曲線的な関連が見られますが、相関係数はほぼ0.0で「無相関」です。

2.3　回帰直線と回帰係数

　相関係数で表されるのが「直線的な関連の度合い」だとして、2つのデータに直線的な関係が観測される場合に、データの散布状況を代表する直線を求めて、「直線的な関係」を記述することができます。これを「**回帰直線**」といいます。既に述べたとおり、2つのデータの散布図は相関係数が＋1.0か－1.0の場合は1本の直線状になります。図2–10は＋1.0の例です。＋1.0か－1.0の場合以外では、図2–11や図2–12のように回帰直線は2本得られます。ひとつはデータのX軸の値からY軸の値を予測(推定)するのに用いる回帰直線、もうひとつはデータのY軸の値からX軸の値を予測(推定)するのに用いる回帰直線です。相関係数が±1.0に近いほど2本の回帰直線の挟む角度は小さく、逆に0.0に近いほど大きくなり、相関係数が0.0の場合には図2–13のように2本の回帰直線は直交します。

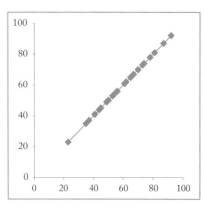

図2-10　相関1.0のデータの回帰直線

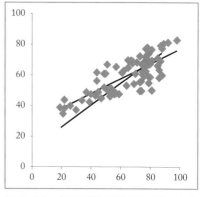

図2-11　相関が比較的高いデータの回帰直線

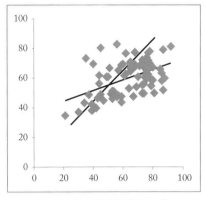 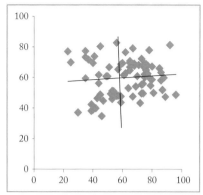

図2-12　相関が比較的低いデータの回帰直線　　図2-13　相関がほぼ0.0のデータの回帰直線

　しかしながら、よく用いられるのは、データのX軸の値からY軸の値を予測(推定)する直線です。たとえば、X軸に学習者の自己評価得点を、Y軸に日本語テストの総合得点をとったデータを図2-14に示します。このような場合に、予測するために用いる「学習者の自己評価得点」を「予測変量」、予測される(推定される)「日本語テストの総合得点」を「基準変量」と呼びます。相関係数は、0.758ですから、1本の直線の上にすべてのデータが乗るわけではありませんが、図中に引かれた直線がデータの散布状況を代表していることがわかると思います。これが「回帰直線」です。

　回帰直線は、変量Xの平均、分散、変量Yの平均、分散、それに変量XとYの共分散から計算されます。計算式は参考の中に示しました。

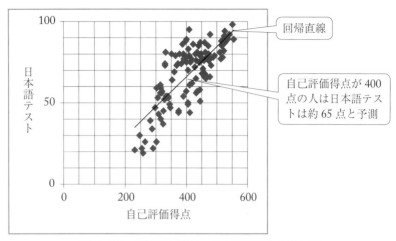

図 2-14　自己評価得点と日本語テストの散布図

> **参考**
>
> $$\hat{Y} = a + bX \qquad \text{(回帰式)}$$
>
> $$b = \frac{S_{XY}}{S_X^2} = \frac{X と Y の共分散}{X の分散}$$
>
> $$a = \bar{Y} - b\bar{X} = Y の平均 - b \times X の平均$$
>
> で計算されます。
>
> 　回帰直線の式を回帰式といいますが、そこで b を回帰係数、a を切片と呼びます。回帰式の左辺が Y ではなく $\hat{Y}$ になっているのは、この直線上に乗っているのが受験者 i の実際に得られた観測値 (X_i, Y_i) ではなくて、観測値 X_i と X_i から回帰直線により予測される Y_i の予測値 $\hat{Y}_i$ との組み合わせ $(X_i, \hat{Y}_i)$ を表すからです。図 2-14 の場合には、回帰係数が 0.1845、切片が -7.664 になります。

また、相関係数の2乗、すなわちr^2を決定係数と呼びます。これはこの研究例の場合、自己評価得点の得点が日本語テストの結果を「どの程度予測することができる」か、いい換えると、「説明できる」かを表します。

相関係数が+1.0の場合には決定係数が1.0で100％説明できることを表します。相関係数が+1.0の場合にはすべての観測値が1本の直線上に乗っていたことを思い出して下さい（図2–1）。相関係数が+0.8の場合には決定係数が0.64で64％が説明できることを表します。かなりの部分が説明できることになります。これに対して相関係数が+0.01の場合には多くの観測値が大きく散らばって分布して、どんな直線が想定できるのかがわからない状態だったことを思い出して下さい（図2–4）。決定係数は0.0001で、何も説明できない状況であることがわかります。

なお、観測値Yiと予測値$\hat{Y}i$との差（これを残差といいます）をデータ全体で観察した時に、プラス方向あるいはマイナス方向に偏りがなく、一定の範囲内に分布していることが望ましいです。残差の分析方法に関してはこの本の水準を超えますので今は「観測値と予測値との差を残差という」ということだけを知っておけばよいでしょう。

研究例

　島田めぐみ・三枝令子・野口裕之 (2006)「日本語 Can-do-statements を利用した言語行動記述の試み―日本語能力試験受験者を対象として―」『世界の日本語教育』第 16 号

　旧日本語能力試験では、各級の合格者が日本語を使ってどのようなことができるか記述されていませんでした。そこで、1 級と 2 級の合格者が実際どのようなことができるか受験者を対象に自己評価である Can-do-statements (Cds) 調査を実施しました。しかし、JLPT (日本語能力試験) 旧 1 級の結果と Cds の結果の相関、JLPT 旧 2 級の結果と Cds の結果の相関は、それぞれ低い値でした (1 級：0.203, 2 級：0.312)。これは、1 級受験者、2 級受験者というように、対象者の集団の能力範囲が狭いことに起因するのではないかと考え、JLPT の 4 級から 1 級の過去問題を中心に構成されたプレースメントテストの受験者に Cds 調査を実施し、テストの結果と Cds 得点の間の相関関係を計算しました。下記の表を見ると、Cds 合計とプレースメントテスト総合点の相関係数は 0.804 であることがわかり、両者は高い相関関係にあるといえます。つまり、JLPT 受験者を対象にした時の相関係数の低さは対象者の集団の能力範囲が狭いという現象 (これを「輪切り現象」といいます) に起因していると考え、Cds の結果をもとに JLPT1 級と 2 級の合格者がどのような言語行動がとれるかを検討した論文です。

プレースメントテストと Cds の相関

	Cds 読	Cds 書	Cds 話	Cds 聞	**Cds 計**
PT 聴解	0.758	0.669	0.623	0.725	0.729
PT 語彙	0.711	0.645	0.648	0.729	0.717
PT 文法	0.709	0.609	0.583	0.645	0.669
PT 読み	0.755	0.672	0.588	0.667	0.706
PT 文字	0.823	0.775	0.705	0.759	0.805
PT 総合	0.834	0.748	0.697	0.780	**0.804**

（島田・三枝・野口 (2006) の表を一部改編）

第2章　2変量の統計　33

問題

1.

　日本語クラスでデータを集め、次のような表を作成しました。それぞれの尺度は何ですか。

学生番号	クラス	テスト得点	授業満足度	出席率
11	101	88	5	100
12	101	76	4	100
13	201	91	4	90

　＊「授業満足度」は 1, 2, 3, 4, 5 の評点

① 「クラス」の尺度　　　　② 「テスト得点」の尺度

③ 「授業満足度」の尺度　　④ 「出席率」の尺度

2.

　漢字テストと文法テストを実施したところ、漢字テストの結果は平均値70点、標準偏差6点で、文法テストの結果は平均値70点、標準偏差12点でした。ある受験者が両方のテストで80点をとりました。この受験者は、漢字テストと文法テストでは、どちらのテストのほうが順位が上だったといえますか。

3.

　次のデータは、7名の日本語学習者の小テスト（読むテストと聞くテスト）の結果です。この結果を散布図に表してみましょう。そして、だいたいどの程度の相関係数になるか考えてみましょう。

	学生1	学生2	学生3	学生4	学生5	学生6	学生7
読む	7	6	3	5	6	7	2
聞く	6	5	4	6	7	7	5

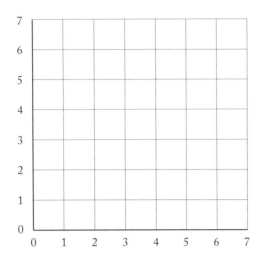

応用問題

1.

　学習者 A から E の文法テストの結果の平均値と分散をコンピュータを使わずに計算しましょう。

	A	B	C	D	E
文法テスト	10	20	30	40	50

2.

　学習者 A から E の文法テストの結果と自己評価の結果の間の相関係数をコンピュータを使わずに計算しましょう。

	A	B	C	D	E
文法テスト	10	20	30	40	50
自己評価	20	10	30	50	40

II
統計の基礎 2

統計的推測

第 3 章
統計的推測の考え方

　具体的な統計的推測の方法を学ぶ前に、基礎となる考え方を理解しましょう。たとえば、t 検定では、2 つの集団をとりあげ、平均値に差があるのかどうか調べますが、どのようなしくみでこのようなことがわかるのでしょう。

3.1　母集団と標本

　母集団（population）とは、研究・調査で対象となる人全体を指します。たとえば、日本語初級学習者という集団です。この集団全員を対象に調査をするのは不可能なので、この母集団から一部の人、つまり**標本**（sample）を選んで、実際に研究・調査を行います。標本は、母集団からくじびきのようにランダムに（無作為に）選び出します（**無作為抽出**：random sampling）。つまり、誰もが選ばれる確率が等しい選び方をします。このように標本を無作為に選ぶことによって、統計的推測が可能となります。しかし、実際には、標本を無作為に抽出することが非常に難しい場合も多くあります。たとえば、日本語初級学習者は、国内で学ぶ者、海外で学ぶ者、大学で学ぶ者、日本語教育機関で学ぶ者など多様であり、学習機関や母語も多様です。また、たとえばある大学の日本語学習者と限定したとしても、調査に回答してくれる学習者は、協力的で日本語学習に熱心な者の割合が多いという偏りが生じるかもしれません。このように、無作為に標本を抽出することが非常に難しいことを理解し、できるだけ無作為に標本を選び出す努力をすることが必要です。無作為に抽出された標本を**無作為標本**といいます。

　調査者が知りたいことは、母集団の特徴であって、標本の特徴ではありません。そのため、観測された標本（つまり、実際に得られたデータ）から計算された**標本平均**（$\overline{X}$）や**標本分散**（S^2）をもとに、母集団の平均すなわち**母平均**

図 3-1　母集団と標本の関係

（μ：ミュー）、母集団の分散すなわち**母分散**（σ^2：シグマ二乗）を統計的に推測することになります（図 3-1）。

　ただし、ある日本語学校について関心があり、全学生からのデータが得られている場合、既に母集団のデータが得られているわけなので、統計的推定や検定をしてはいけません。統計的推定や検定を行う必要があるのは、知りたい対象である母集団から一部の標本しか得られない場合です。

3.2　標本分布

　母集団から標本を選ぶ場合、標本の選ばれ方はいく通りもあります。たとえば、40 人のクラスから 5 人を選んで調査をする場合、その 5 人は可能性としていろいろな組み合わせが考えられます。すなわち、標本の抽出を多数回繰り返すと、標本にはその都度異なる対象が選ばれます。そのため、標本について計算された平均値は、その都度異なります。1 回あたり n 名の標本抽出を多数回繰り返して、毎回得られた平均値を集計すると、ある分布に従うことが明らかになります。この分布のことを**標本分布**と呼びます。この標本分布は理論的に導くことができます。平均値だけではなく、分散や相関係数などについても同様に分布が得られ、標本平均の分布、標本分散の分布、標本相関係数の分布などを一般に標本分布といいます。

　ある測定値が正規分布すると想定される母集団から、繰り返し無作為抽出して平均値を計算すると、その平均値の分布も正規分布します（図 3-2）。また、標本数が多いと、母平均に近いところのデータが多く得られ、標本数が

少ない場合よりも分散は小さくなります。少し厳密にいうと、平均 μ、分散 σ^2 の正規分布（→ 13 ページ参照）する母集団から、無作為に n 名の標本抽出を繰り返した時に得られる標本平均 $\bar{X}$ の標本分布が、平均 μ、分散 σ^2/n の正規分布であることが証明されています。これ以外の場合も標本分布は理論的に導くことができます。

統計的推測を行うためにはこの標本分布を利用します。標本分布には、**t分布**（たとえば、2 つの母集団の平均値が等しいか否かの統計的推測に用いる、45 ページ参照）、**F分布**（たとえば、2 つの母集団の等分散性の統計的推測に用いる）、**χ^2 分布**（たとえば、2 つの変量間のクロス集計表で独立性の検定に用いる）などがあり、統計的推測に用いられます。この標本分布を利用することにより、観測されたデータをもとに計算された統計指標の数値がどの程度の確率で起こるかが求められます。ここでは標本が母集団から無作為抽出されているということが、これらの標本分布を利用できる根拠になっています。

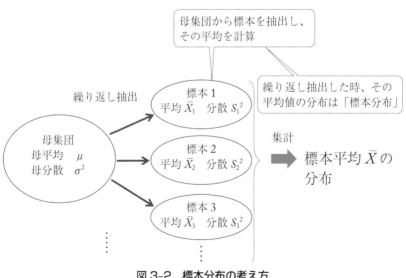

図 3-2　標本分布の考え方

40 Ⅱ 統計の基礎 2

コラム 「大数の法則」と「中心極限定理」

　これらは数理統計学で基礎となる重要な考え方です。

　「大数の法則」は、「標本数を大きくすると標本平均の値が母平均に近い値をとる可能性が大きくなる（確率が 1.0 に近づく、このことを専門的には「確率収束する」といいます）」という法則です。

　「中心極限定理」は、少し難しいですが厳密にいうと「確率変数 Y が母集団で平均μ、分散σ^2の分布をするとき、無作為に抽出された大きさ n の標本の標本平均 $\bar{y}$ は n が十分大きい場合には、平均μ、分散σ^2/nの正規分布に近似的に従う。」というものです。38 ページでは、母集団で(確率)変数が正規分布している場合のことを述べましたが、この定理は正規分布以外のどんな分布をしていても、標本数が大きい場合に標本平均が正規分布する、ということを保証しているのです。

　「大数の法則」で述べられていない、分布に関する記述が加わっています。何とも不思議というか、すごい定理ですね！

3.3　統計的検定

　統計的検定では、あらかじめ母集団に関する**仮説**を立てます。標本で観測されたデータを用いて、その仮説が正しいか否かを判断します。標本で観測された結果、すなわち実験の結果が、仮説のもとではありえないような結果であったら、あらかじめ立てていた仮説が誤りだったと判断します。

　たとえば、「コインは歪みなく作られているか」ということを確認するとします。コインは歪みなく作られていると考えると、コインを投げて表が出る確率は 1/2 となります。そこで、「表が出る確率は 1/2 である」という仮説を立てます。20 回投げて x 回表が出る確率は表 3–1 のように表されます。図 3–3 は、表 3–1 を図に表したものです。このような分布は、統計学で一般的に二項分布と呼ばれます。

　実際に 20 回投げて観測したところ、表が 16 回出ました。この場合、仮

説は正しいといえるでしょうか。仮説が正しい場合、「20 回投げると 10 回表が出る」という現象が起こる確率がもっとも高くなるはずです。しかし、実際は 16 回だったとします。16 回表が出る確率は、0.0046、つまり 0.46% だということが二項分布から得られます。0.0046 という数値は、1,000 回観測して、4 回か 5 回程度しか起こらないほどのまれな現象だといえます。このようなまれな現象が観測されたら、仮説が間違っていると結論づけることにします。このように、仮説のもとでは起こりにくいような結果であれば、仮説が誤っていると判断して、**仮説を棄却**します。どの程度の確率なら起こりにくい結果と判断するかは、とりあげている内容を考慮して研究者が決めることになります。一般的には、0.05（5%）、0.01（1%）、0.001（0.1%）等が用いられることが多いです。この確率を**有意水準**といいます。

いま、20 回中 16 回表が出る確率をとりあげましたが、それ以上表の出る確率はどのぐらいになるでしょう。17 回が 0.00109、18 回が 0.00018、19 回が 0.00002、20 回が 0.00000（小数以下第 6 位を四捨五入）なので、16 回から 20 回を合わせて 0.00591 です。逆に 20 回中 4 回表の出る確率は 0.00462、3 回が 0.00109、2 回が 0.00018、1 回が 0.00002、0 回が 0.00000（小数以下第 6 位を四捨五入）で合わせて 0.00591、両方を合計すると 0.01182 になります。このような確率を**有意確率**といいます。実際の統計的検定ではこの有意確率が問題になります。コインが歪みなく作られている場合に、表が出すぎるのも、出なさすぎる（裏が出すぎる）のもまれな現象と考えられるので、「裏が出すぎる場合」と「表が出すぎる場合」とを合わせてどのくらいの確率ならばまれな現象と考えるかを決めて有意水準とします。いま、有意水準を 0.05 とした時、この場合（16 回以上「表が出る」あるいは 4 回以下しか「表が出ない」場合）は有意確率が 0.01182 でしたので、0.01182＜0.05 ということにより、有意水準 0.05（5%）で仮説が棄却されます。

表 3-1　コインの表が出る確率

裏が出やすい確率
0.00591（0.591%）

表が出る回数	確率（%）
0	0.000
1	0.002
2	0.018
3	0.109
4	0.462
5	1.479
6	3.696
7	7.393
8	12.013
9	16.018
10	17.620

表が出る回数	確率（%）
11	16.018
12	12.013
13	7.393
14	3.696
15	1.479
16	0.462
17	0.109
18	0.018
19	0.002
20	0.000

表が出やすい確率
0.00591（0.591%）

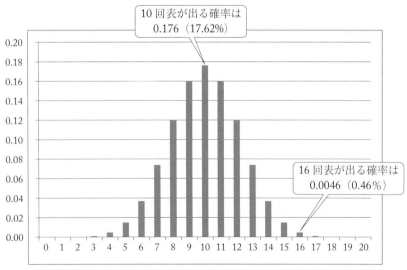

図 3-3　コインの表の出る標本分布

3.4 両側検定と片側検定

英語母語話者と中国語母語話者の日本語のテスト得点における平均値の差を検討する場合、英語母語話者のほうが高い可能性も、中国語母語話者のほうが高い可能性もあります。つまり、「英語母語話者平均値 − 中国語母語話者平均値」が正の数値になる可能性も負になる可能性もあります。その場合は、仮説が有意であるかどうかを決定する棄却域を図3–4のように両側にとります。**棄却域**というのは、仮説が正しくないと判断して、仮説を棄却する範囲を意味します。逆に仮説が正しい（より厳密には、仮説が正しくないと判断する根拠はない）とする範囲を**採択域**といいます。5%の**両側検定**の

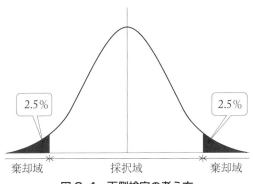

図 3-4 両側検定の考え方

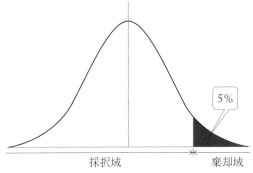

図 3-5 片側検定の考え方

44 II 統計の基礎 2

場合は、正の方の裾 2.5％、負の方の裾 2.5％が棄却域になります。

それに対して、有意差が一方にしか現れないことがあります。たとえば、学年開始時と学年終了時のテストを比較する場合、終了時の平均値のほうが低くなることは通常考えられません。その場合は、**片側検定**となり、5％を棄却域にとります（図 3-5）。

3.5 仮説

仮説検定では**検定仮説**（**帰無仮説**）と**対立仮説**を立てます。たとえば、英語母語話者の日本語テストの得点平均と、中国語母語話者の日本語テストの得点平均は、母集団において差があるかどうかということを知りたいとします。両母集団の間では、日本語テストの平均値に差がない、つまり、「英語母語話者平均値 − 中国語母語話者平均値 = 0」と仮定します。「差がない」という仮説を**検定仮説**あるいは**帰無仮説**といいます。逆に**対立仮説**は「差がある」となります。

● t 検定の例

具体的な統計的推測の手順を t 検定の例で見てみましょう。英語母語話者の日本語テストの得点平均と、中国語母語話者の日本語テストの得点平均は、母集団において違いがないか、あるいはあるのかということを知りたいという例で考えます。

【仮説をたてる】

両母集団の間では、日本語テストの平均値に差がない、つまり、「英語母語話者平均値 − 中国語母語話者平均値 = 0」と仮定します。先に述べたとおり「差がない」という仮説を**検定仮説**あるいは**帰無仮説**といいます。逆に「差がある」という**対立仮説**も立てます。仮説検定では、両集団の平均値は等しいと考え、標本からの観測データをもとにその仮説が正しいか否かを判断することになります。仮説が正しければ、標本から得られた差の値（英語母語話者平均値 − 中国語母語話者平均値）は 0 に近い数値になる可能性が高くなります。仮説が正しいという状況下で、両集団から標本を抽出して差の

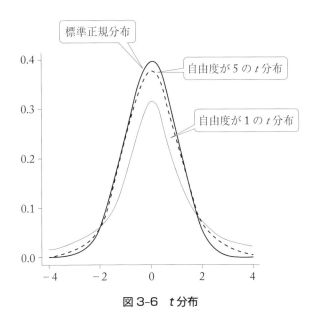

図 3-6 t 分布

値を計算するという作業を多数回実施すると、0 に近い値が得られることが多く、0 から離れるほど観測回数は減ることがわかっています。それを図に表すと、図 3-6 のような分布が描け、これを t 分布といいます。図 3-6 には、「標準正規分布」のほか「自由度が 1 の t 分布」「自由度が 5 の t 分布」の例が示されています。この自由度というのは、データ数から 1 を引いた値で、データの大きさを示しています。図 3-6 から、自由度が変わると分布の形が変わることがわかります。自由度が 100 を越えると、実質的に標準正規分布と等しくなります。

【標本を選び観測する】

両母集団から、15 人ずつ選んで、日本語テストを実施します。英語母語話者の平均値が 100.3 点、中国語母語話者の平均値が 112.2 点、平均値の差が約 12 点でした。

【検定を行う】

観測された 12 という差がどのぐらいの確率で起こるのかを、t 分布を利用して求めます。ここではその手順は省略しますが、このような結果になる

有意確率は 0.423（42.3％）と計算されます。確率が 0.423 ということは、100回データを計算して 42 回の確率で出現する値だといえます。つまり、仮説のもとで頻繁に起こる結果であると考え、検定仮説を採択することになります。つまり、両集団の平均値は等しいと結論づけることができます。

一方、確率が 5％以下だったら、100 回データを計算して、5 回以下しか起こらないということです。通常、5％以下であったら、めったに起こらない値だと判断します。検定仮説のもとでは起こりにくい（まれな）結果となったということは、逆に仮説が「誤っている」と判断して、「両集団に差がない」という検定仮説を棄却します。つまり、両集団の平均値は等しくない、差があると結論づけられます。

どの程度の確率であったら、まれな結果だと判断できるでしょうか。これは、研究内容と照らし合わせて研究者が決めます。先述のとおり、一般的には、0.05（5％水準）、0.01（1％水準）、0.001（0.1％水準）などが用いられます。この確率を**有意水準**といいます。なお、5％を超え 10％以下だった場合「有意傾向」と報告する研究を見ることがありますが、この場合もあくまでも有意差があるわけではありませんので、「有意傾向」と報告する必要はありません。

●相関係数の検定の例

SPSS などの統計分析ソフトで相関係数を計算すると、**無相関検定**の結果も表示されます。これは、2 変量とも正規分布する母集団で母相関係数が 0.0 である確率を検定するもの、すなわち「2 変量の相関係数がゼロである」という検定仮説を検定するものです。標本データから計算された確率が有意水準（たとえば 5％）以下であれば、「2 変量の相関係数がゼロである」という検定仮説を棄却するので、2 変量の相関はゼロではないと判断できます。

ここでは、SPSS で行った計算例を見ながら手順を見ていきます。
【記述統計量の計算】
条件 A と条件 B でのデータの平均と標準偏差が計算されます。表 3–2 の

「N」はデータ数を表します。

表 3-2　記述統計量

	平均値	標準偏差	N
条件A	16.8	6.383	15
条件B	19.2	7.627	15

【相関係数と有意確率の計算】

条件 A と条件 B の相関係数は 0.696 です。表 3-3 の有意確率の欄を見ると 0.004 と書かれています（通常、「0.004」の最初の「0」は省略されることが多いです。確率を表す場合、小数点があったら、最初の数字は「0」と決まっているからです）。0.004 つまり 0.01 未満なので、1％水準で有意ということになり、表 3-3 の下にも「相関係数は 1％水準で有意（両側）です」と書かれています。すなわち、「母相関係数がゼロである」という検定仮説が棄却され、「2 変数の間の相関はゼロではない」といえます。この結果は、相関がゼロではないだけで、相関の度合いを示しているわけではありません。「有意味な」相関かどうか検討するためには、この有意確率だけではなく、相関係数の数値の大きさを検討する必要があります。

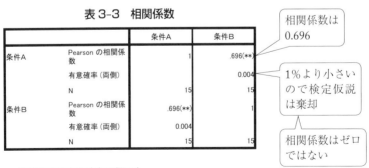

表 3-3　相関係数

** 相関係数は 1％水準で有意（両側）です。

> **コラム** 確率変数

サイコロには 1 から 6 の整数値があり、サイコロを投げて、それぞれの値が現れる確率は 1/6 です。このように、ある値が起こり得る確率が決まっている変数を**確率変数**といいます。サイコロのように、値が連続しておらず、飛び飛びの場合は、**離散型変数**といいます。一方、時計の針は、値が連続しています。時計の針が「6 から 7 の間、つまり 30 分から 35 分の間」を指す確率は 12 分の 1 です。「30 分から 31 分の間」を指す確率は 60 分の 1 です。時計の場合、このような区間については確率が与えられますが、たとえば、「6」を指す確率、というようにある 1 点を指す確率をいうことはできません。このような変数を**連続型変数**といいます。連続型の確率変数は、区間に対応して、確率が与えられます。

問題

1.

次の分析をする場合、片側検定を行いますか。両側検定を行いますか。

①上級クラスの英語母語話者 30 人と韓国語母語話者 30 人を対象に、母集団間で日本語学習期間に違いがあるか統計分析を行う。

②初級クラスの母集団において、文法テストの得点が学期開始時と終了時で差があるか統計分析を行う。2 つのテストの難しさは同じであるものとする。

2.

次の結果が得られた場合、検定仮説を採択しますか。あるいは棄却しますか。

①上級クラスの英語母語話者 30 人と韓国語母語話者 30 人を対象に、これらの学習者が偏りのない標本であるとみなして、日本語学習期間に違いがあるか統計分析を行ったところ、有意確率は .002 と計算された。

②初級クラスの文法得点の平均値が学期開始時と終了時で差があるか統計分析を行ったところ、有意確率は .258 と計算された。これらの対象は母集団からの無作為標本とみなしてよいものとする。

第4章
平均値の差の検定　*t*検定

4.1　*t*検定とは？

　*t*検定とは、2つの母集団の平均値の間に差があるかどうかを調べるものです。たとえば、英語を母語とする日本語学習者「英語グループ」と中国語を母語とする日本語学習者「中国語グループ」では、日本語のテストの平均値に差があるか否かを見たい場合に、両グループから標本を得て、*t*検定を行います。「2つのグループの平均値には差がない」という検定仮説を立て、「差がない」といえる確率を検討します。「差がない」といえる確率が小さいということは「まれにしか起きない」ということであり、検定仮説が間違っていると考えます。

[こんな時に使う！]
・日本で日本語を学ぶタイ語母語話者とタイで日本語を学ぶタイ語母語話者とでは、聴解能力に差があるか、聴解テストの結果を比較する。（対応のない *t*検定、54ページ）
・日本語のクラスで、学期開始時に実施した自己評価アンケートの結果と、学期終了時に実施した自己評価アンケートの結果に違いがあるか検討する。（対応のある *t*検定、53ページ）
・日本語母語話者と韓国語母語話者、それぞれ20人を対象に、閉鎖音を発する時の閉鎖持続時間を調べ、両母語話者グループの平均値に差があるか検討する。（対応のない *t*検定、54ページ）

4.2　*t*検定の種類

　*t*検定にはいくつかの種類があります。まず、**データの対応があるかないかによって、使用する *t*検定の種類が異なります。**データの対応ありなしと

52　II　統計の基礎 2

はどういうことか考えてみましょう。あるクラスで学期開始時に実施したア
ンケートと学期終了時に実施した同じアンケートの結果を調べるとします。
この場合、同じ人たちから得た 2 回分の平均値を比較するので、「**対応あ
り**」ということになります。一方、冒頭に例をあげた「英語グループ」と
「中国語グループ」の平均値の差を検討する場合は、異なる人たちの結果を
比較するので「**対応なし**」ということになります。

　統計ソフトで t 検定を行う前にデータを入力しますが、上で述べた事例を
データ入力すると次のようになります。まず、対応ありの例は表 4–1 のよ
うに、学期開始時と終了時のアンケート結果が入力されています。それぞれ
の学生に「開始時」と「終了時」の 2 回分のデータがあることがわかりま
す。これらのデータを比較することになります。

表 4–1　対応があるデータの場合

学生番号	開始時	終了時
001	37	68
002	67	93
003	69	87
004	59	89
005	54	83
006	44	69
007	61	96
008	52	83

> それぞれの学生に 2 回分
> のデータがある！
> ＝対応があるデータ

　対応なしの例は表 4–2 のように、それぞれの学生のテスト得点は 1 種類
です。母語が入力されており、英語母語の学生と中国語母語の学生、それぞ
れの平均値を比較します。その他の言語の学生もいるかもしれませんが、t
検定は 2 つの集団の平均値を比較するものなので、英語母語と中国語母語
以外は考えません。

第4章　平均値の差の検定　t検定　53

表 4-2　対応がないデータの場合

学生番号	母語	テスト得点
001	英語	88
002	中国語	90
003	英語	67
004	英語	79
005	英語	83
006	中国語	72
007	中国語	97
008	その他	80

それぞれの学生には 1 種
類のテスト得点
＝対応がないデータ

4.3　対応のある t 検定

　上で説明したように、対応のある t 検定は、授業の開始時と終了時という
ように同じ人を対象とした 2 種類のデータの平均値の差を検証するもので
す。

　表 4-1 の例をとりあげ、t 検定を行ってみましょう。表 4-1 には 8 名分の
データしか載せてありませんが、実際の受験者は 20 名でした。この 20 名
は 2 種類のテストを受けています。授業開始時に受けた日本語テストと学
期終了時に受けた日本語テストです。この 2 つのテストは、難しさが同水
準であるということが既に証明されているものとします。両テストの平均値
と標準偏差は表 4-3 のとおりです。

　これらのデータ数、平均値、そして、標準偏差をもとに t 値を計算します
（式は 56 ページ「参考」）。この t 値は「第 3 章 3.2 標本分布」（38 ページ）で
言及した t 分布に従うことが証明されています。検定仮説（母集団で 2 種類
のデータの平均値が等しい）が正しいという状況で、計算された t 値が「起
こりやすい結果」か「起こりにくい結果」かを判断します。

　対応のある t 検定を計算したところ、t 値は 4.997 でした（表 4-4）。t 値か
ら有意確率を算出しますが、そのためには**自由度**が必要となります。自由度
はデータの大きさを示すもので、t 検定の場合、人数から 1 を引いた数値と

なります。なぜ1を引くかの理論的説明は本書の程度を超えるので、ここでは説明を省きます。この例では受験者が20人なので自由度は19となります。自由度が19の時 t 値が4.997だと、有意確率（片側検定）は0.01（1%）以下となることがわかっています。0.01以下ということは、100回に1回も起こらないほどまれだということなので、仮説のもとではめったに起こらない値だと判断し、検定仮説が棄却され、「両者には差がある」と判断します。すなわち、学期開始時と終了時とでは、平均値に差があり、終了時のほうが高いといえます。このクラスの学生は学期終了時には開始時よりも日本語能力が伸びたということになります。この値を報告するときは、「$t(19) = 4.997, p < .01$」と書きます。p は、probability の頭文字で、有意確率を表します。通常、「0.01」の最初の「0」は書かず、「.01」と書きます。

表4-3　授業開始時と終了時のテスト結果

	開始時	終了時
平均値	54.7	69.6
標準偏差	11.4	15.1

表4-4　対応のある t 検定の結果

t 値	自由度	有意確率
4.997	19	.000

100回測定して1回も起こらないほど「まれ」＝検定仮説は間違っている！

4.4　対応のない t 検定

　対応のない t 検定は、2つの母集団から得られたデータの平均値の差を検証するものです。対応のない t 検定では、2種類のデータの分散（標準偏差）が等しい（差がない）ということが前提条件となります。そのため、t 検定を行う前に、**等分散性の検定**を行い、分散が等しいかどうかを確認します。もし分散が等しくない（差がある）ということになったら、**ウェルチの t 検定**を行います。

　等分散性の検定を行い、有意確率が0.05（5%）より大きければ、両者の分

散の間に有意な差はない、つまり等分散と判断し、通常の t 検定を行います。もし有意確率が 0.05（5%）以下であると、有意な差があるということですから、分散は等しくないということになります。

　では、表 4-2 の例で計算してみましょう。あるテストを受けた英語母語話者 16 人のグループと中国語母語話者 20 人のグループ、両グループの母集団の間に平均値に差があるか対応のない t 検定を行います。両グループの平均値と標準偏差は表 4-5 のとおりです。まず、両グループの分散の間に有意な差がないか等分散性のための検定を行います。等分散性のための検定を行ったところ、有意確率は 0.433 でした。つまり両グループの分散の間に有意な差はない、ということですから等分散（分散が等しい）と解釈します。そこで、通常の対応のない t 検定を行います。

表 4-5　母語別テスト結果

	英語母語グループ	中国語母語グループ
N	16	20
平均値	78.8	79.8
標準偏差	10.6	11.6

　対応のある t 検定の場合と同様に、これらのデータ数、平均値、そして、標準偏差から参考（56 ページ）の中に示す式を用いて t 値を計算します。この t 値が「第 3 章 3.2 標本分布」（38 ページ）で言及した t 分布に従うことが証明されていますので、標本から計算された t 値が検定仮説（2 つの母集団でデータの平均値が等しい）のもとで「起こりやすい結果」か「起こりにくい結果」かを判断します。

　対応のない t 検定の結果、t 値は -0.280 でした（表 4-6）。対応のない t 検定の自由度は、各グループの人数から 1 を引いてそれを合計した値です。つまり、英語母語グループは（16 $-$ 1）で 15、中国語母語グループは（20 $-$ 1）で 19、15 と 19 を足した 34 が自由度となります。自由度 34 の時 t 値が -0.280 だと、有意確率（両側検定）は 0.781 です。つまり有意確率が 0.05（5%）よりも大きいため、英語母語グループと中国語母語グループには有意

56　II　統計の基礎 2

な差はないといえます。報告するときは、「$t(34) = -0.280, p = .781$」あるいは「$t(34) = -0.280, p > .050$」と記載します。

表 4-6　対応のない t 検定の結果

t 値	自由度	有意確率
-0.280	34	.781

検定仮説のもとでは十分に起こりうる確率＝差はない！

参考　t 値を求める式

対応のある t 検定の場合

N 名の対応のある 2 種類のデータ X および Y が観測されているとします。そして、その差を D で表すと、

$$D_i = X_i - Y_i \qquad i = 1, \cdots, N$$

となり、その平均値を $\bar{D}$、分散を S_D^2 とすると、

$$t = \frac{\bar{D}}{\dfrac{S_D}{\sqrt{N\text{-}1}}}$$

で t 値が計算できます。
そして、t は自由度 N-1 の t 分布に従います。

対応のない t 検定の場合

ある観測変量 X の観測値がグループ A（n 名）とグループ B（m 名）で得られているとします。そして、それぞれの平均値を $\bar{X}_A$ および $\bar{X}_B$、分散を S_A^2 および S_B^2 と表し、

$$S^{*2} = \frac{m s_A^2 + n s_B^2}{m + n - 2}$$

とすると、

$$t = \frac{\bar{X}_A - \bar{X}_B}{\sqrt{\left(\dfrac{1}{m} + \dfrac{1}{n}\right) S^{*2}}}$$

で t 値が計算できます。
そして、この t は自由度 $m + n - 2$ の t 分布に従います。

4.5 SPSS での計算例

前述の対応のない t 検定の例を統計ソフト SPSS で計算してみましょう。

①変数ビューへの入力

変数ビューというタブを選び、各変数の情報を入力します。

	名前	型	幅	小数桁数	ラベル	値	欠損値	列	配置	尺度	役割
1											
2											
3											
4											
5											
6											
7											
8											
9											
10											
11											
12											
13											
14											
15											
16											
17											
18											
19											
20											

データ ビュー(D)　変数 ビュー(V)　　変数ビュー

この場合の変数は「学生番号」「母語」「テスト得点」です。まず「学生番号」の情報を入れます。「名前」欄に「学生番号」と入力します。そして、「型」欄に「数値」を入れます。「尺度」欄には、「学生番号」は名義変数ですので、「名義」を選びます。なお、「学生番号」は名義尺度ですので、「型」欄は「数値」ではなく「文字列」としても構いません。

58　II　統計の基礎2

次に「母語」です。「名前」欄は「母語」、「型」欄は「文字列」、「尺度」欄は名義変数なので「名義」となります。最後に「テスト得点」です。「名前」欄は「テスト得点」、「型」欄は「数値」、「尺度」欄は間隔変数なので「スケール」を選びます。間隔変数と比（率）変数は区別せず、どちらの場合も「スケール」になります。

その他、「幅」欄は入力するデータの文字数を表します。初期設定では「8」となっています。もし、後でデータを入力したときに文字すべてが入力されないようであれば、必要に応じて数字を上げます。「小数桁数」欄は必要に応じて桁数を決めます。「学生番号」の型は「数値」にしましたが、小数点以下の数値はありませんので、「小数桁数」を「0」とします。

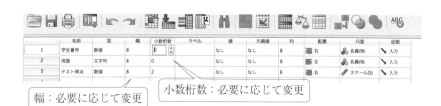

②データの入力

データビューのタブを選び、下の図のようにデータを入力します。母語を入力する時、「英語」なら「英語」、「中国語」なら「中国語」と同じように入力する必要があります。たとえば、「英語」の意味で「English」、「中国語」の意味で「中語」「汉语」などと書かないようにします。そのようにすると、同じグループと見なされなくなります。

データが入ると数字の色が濃くなります。色が濃くなっていたらデータとして計算されます。データが入っていないのに、数字が濃くなっていたら、要注意！

③分析

画面の上部の分析メニューから「平均の比較」を選び、「独立したサンプルの t 検定」を選びます。SPSSでは、「対応のない t 検定」を「独立したサンプルの t 検定」と呼んでいます。「検定変数」に左のリストから「テスト得点」を選び入れます。「グループ化変数」には「母語」を選び入れ、「グループの定義」をクリックします。グループ1に「英語」、グループ2に「中国語」と入力し「続行」を選びます。そうすると次の画面になるので「OK」をクリックします。

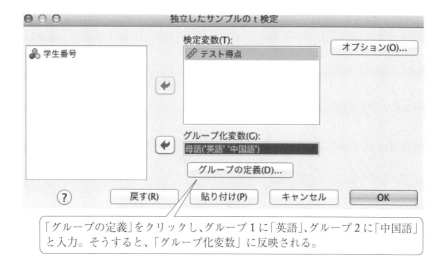

「グループの定義」をクリックし、グループ1に「英語」、グループ2に「中国語」と入力。そうすると、「グループ化変数」に反映される。

④結果の解釈
●グループ統計量

グループ統計量では、度数すなわちデータ数、平均値、標準偏差、平均値の標準誤差が示されます。結果を論文にまとめるときは、通常、この結果をもとにして、度数、平均値、標準偏差を報告します。

グループ統計量

母語		度数	平均値	標準偏差	平均値の標準誤差
テスト得点	英語	16	78.7500	10.59245	2.64811
	中国語	20	79.8000	11.61487	2.59716

●独立サンプルの検定

「独立サンプルの検定」の表では、「等分散性のための Levene の検定」と「平均の差の検定の t 検定の結果」が表示されています。

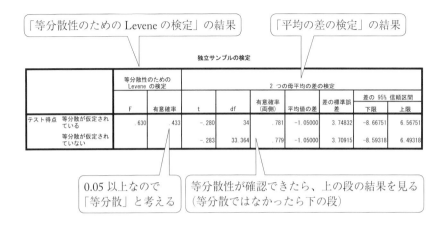

●等分散性のための Levene の検定

「等分散性のための Levene の検定」とは、2つの母集団の分散が等しいか否かを見るための検定です。この結果を見ると、F 値が 0.630、有意確率が .433 (43.3%) だということがわかります。有意確率を見て、有意水準より大きければ両データの分散の間に「差はない」と判断し、有意水準以下の値であれば「差はある」と判断します。有意水準を 0.05 (5%) と考えると、この例では有意水準より大きく「差はない」つまり等分散といえます。

● t 検定の結果

表の1番左の列に「等分散が仮定されている」「等分散が仮定されていない」と書かれています。等分散性のための検定の結果、「等分散」と判断できましたので、「等分散が仮定されている」の行の t 検定の結果を見ます。有意確率は 0.781 と 0.05 (5%) より大きい値なので、両者の平均値の間に「有意な差はない」と判断されます。結果を報告するときは「t 値」「自由度」「有意確率」を見て(「自由度」は「df」の欄を見ます。df は「degree of freedom」の略です)、「$t(34) = -0.280, p = .781$」あるいは「$t(34) = -0.280, p > .050$」のように書きます。「等分散を仮定しない」場合の自由度 (df) は、小数点がついた形で表示されますが、最も近い整数を使用します。上記の表では「33.364」と書かれていますので、この自由度を使う場合は「33」とします。

62 II 統計の基礎 2

●報告のしかた

t 検定を報告するときは、t 値、自由度、p 値を記載します。p は、probability の頭文字で、有意確率を表します。また、データの平均値と標準偏差も記載します。先の例では次のように報告します。N は number の頭文字でデータ数、M は mean の頭文字で平均値、SD は standard deviation の頭文字で標準偏差を表します。

　英語母語話者 16 名と中国語母語話者 20 名が文法のテストを受験した。両者の平均値と標準偏差は表 4–7 のとおりである。両者の平均値の間に有意な差があるか t 検定を行った。まず、等分散性を確認したところ、両者の得点の分散には有意差は認められなかったため（$F(15, 19)$ $= 0.630, p = .433$）、等分散と判断し、通常の t 検定を行った。その結果、文法テストの結果に関し、英語母語話者と中国語母語話者の間に有意差は認められなかった（$t(34) = -0.280, p = .781$）。

表 4-7　基本統計量

	N	M	SD
英語母語話者	16	78.75	10.59
中国語母語話者	20	79.80	11.62

　等分散性の検定の結果は上記のように「$F(15, 19) = 0.630, p = .433$」と書きます。自由度はそれぞれのデータ数から 1 を引いた値を書きます。つまり、英語母語話者は 16 人、中国語母語話者は 20 人なので、それぞれ 1 を引いて、$(15, 19)$ となります。

　なお、SPSS では、F 値や t 値の 1 桁目が「0」の場合、「0」が省略されています。F 値や t 値は、「0」以外の数値が入る場合もありますので、正しくは「0」は省略しません。

第 4 章　平均値の差の検定　t 検定　63

●注意

①比率の差を比較することはできない

　データが比率や割合の場合は t 検定は使用できません。たとえば、正答率などの平均です。これらのデータの差を検定したい場合は角変換などを用いて、比率データを変換してから検定を行います。

② 3 変量間の平均値の差を比較することはできない

　t 検定は 2 変量の間の差しか調べられません。もし、3 変量間 (A, B, C) の平均値を検討するために、A と B、B と C、A と C、とそれぞれを t 検定にかけるというように複数回（この場合は 3 回）繰り返すことはできません。たとえば、英語母語話者、中国語話者、韓国語母語話者の間の差を比較する場合、t 検定ではできません。この場合は**分散分析(一元配置)**を使用します。

研究例 1

孫愛維 (2008)「第二言語及び外国語としての日本語学習者における非現場指示の習得―台湾人の日本語学習者を対象に―」『世界の日本語教育』第 18 号 , pp.163–184

　JSL（日本に留学後、日本語教育を開始した台湾人日本語学習者）64 名と JFL（台湾の大学で日本語を専攻する学生）98 名を対象に、非現場指示に関する質問紙調査を実施し、指示詞の習得に学習環境が影響を及ぼしているかを明らかにするのがこの研究の目的です。そのためには、JSL と JFL の日本語能力が同等である必要があるので、それを確認するために、SPOT（日本語能力簡易試験）を実施しました。SPOT の結果が JSL と JFL の間に差がないか、上位群、下位群、全体に分けて対応のない t 検定を行っています。その結果、いずれも有意な差がなかったことがわかりました（上位群：$t(80)$ = 1.31, n. s. 下位群：$t(78)$ = 0.17, n. s. 全体：$t(160)$ = 0.79, n. s.）。両者に日本語能力において差がないことを確認して、指示詞に関する質問紙調査の結果を分析します。検定の結果に示される n. s. は有意差がないこと（non-significant）を表します。p 値を示さないで、「n. s.」とのみ表記する場合もあり、この論文では p 値は示されていませんでした。JSL と JFL の間の日本語能力に差がないという結果が得られてはじめて、非現場指示に関する質問紙調査の結果を比較することができます。

	人数	平均値	標準偏差
JSL 上位	33	50.27	5.76
JFL 上位	49	48.33	4.50
JSL 下位	31	30.35	5.86
JFL 下位	49	30.10	6.93
JSL 全体	64	40.63	11.57
JFL 全体	98	39.21	10.85

（孫 (2008) をもとに作表）

第4章　平均値の差の検定　t 検定　65

研究例2

村田香恵 (2012)「トピックの選択は日本語学習者にとって有利となりえるか」『日本言語テスト学会誌』15, pp.173–184

　日本留学試験で出題される記述問題は、受験者に2つのトピックを提示し、どちらか一方を選択させ意見文を書かせるというものです。この論文では、日本語学習者が意見文を記述する上でトピックの選択が学習者に有利にはたらくか検証しています。実験で使われた問題のトピックは、「外国語」と「農薬」です。56名の協力者は、まず、この2つのトピックから1つを選び、意見文を書きます。終了後、10分程度の休憩をはさみ、選択しなかったほうのトピックについて意見文を書きます。「外国語」を最初に選択して意見文を書いたのは39名、「農薬」を選択したのは17名でした。ここでは、「外国語」を選択した39名の結果を紹介します。「外国語」と「農薬」の得点の平均値と標準偏差は表のとおりです。評価の観点「文法的能力」「論理的能力」「合計点」のそれぞれの平均値について、選択トピック（外国語）と非選択トピック（農薬）の間に有意な差があるか対応のある t 検定を行ったところ、いずれも有意な差はみとめられませんでした（文法：$t(38)=$ 1.07, $p=0.29$、論理点：$t(38)=1.42, p=0.16$、合計点：$t(38)=1.54, p=$ 0.13）。「農薬」を最初に選んだ17名についても、選択トピックと非選択トピックの平均値の間に有意差は観察されませんでした。

	外国語		農薬	
	平均値	標準偏差	平均値	標準偏差
文法点	2.18	0.67	2.08	0.69
論理点	1.97	0.83	1.79	0.82
合計点	4.15	1.39	3.87	1.36

（村田 (2012) をもとに作表）

66　II　統計の基礎 2

> **コラム**　t 検定の繰り返しをしてはいけない理由

いまは $H_0 : \mu_1 = \mu_2 = \mu_3$ について有意水準 0.05 で検定を実施しているのに、もし t 検定を 3 回繰り返して、

$$H_0 : \mu_1 = \mu_2$$

$$H_0 : \mu_2 = \mu_3$$

$$H_0 : \mu_1 = \mu_3$$

　　いずれかの仮説が棄却された時に、

$$H_0 : \mu_1 = \mu_2 = \mu_3$$

を棄却するという論理で推論を進めたとすると、最終的に結論を導くのに有意水準が 0.05 よりも大きくなり、従って検定仮説を棄却しやすくなっています。

それにもかかわらず、有意水準 0.05 で判断すると、それは誤り！

より詳しくは、n 対の t 検定を有意水準 a で繰り返したとすると、

全ての対で棄却されない確率は $(1-a)^n$ となり、

従って、少なくとも 1 対で棄却される確率は $1-(1-a)^n$ となります。$n=3$、$a=0.05$ の時に t 検定の繰り返しで、

$$H_0 : \mu_1 = \mu_2 = \mu_3$$

が棄却される確率は、

$$1-(1-0.05)^3 = 1-0.95^3 = 1-0.857375 = 0.142625 > 0.05$$

であり、有意水準 0.05 で検定するよりも棄却しやすい判断をしていることになります。

上では t 検定を 3 回繰り返しましたが、これらの検定をまとめてひとつの手法とみなして、有意水準 a になるように調整したものが**多重比較法**です。94 ページでも述べるように、調整のしかたによっていろいろな多重比較があります。

以下に具体例をあげて説明します。3 変量の平均値、たとえば中国語母語話者とタイ語母語話者と英語母語話者のテスト得点の平均値に差があるか確認するために、中国語母語話者とタイ語母語話者、タイ語母語話者と英語母語話者、英語母語話者と中国語母語話者、それぞれの間で

t 検定を繰り返そうとするとします。もちろん、先に述べたとおり、3
変量間の平均値の差を比較することはできません。もし t 検定を利用し
ようと考えると、次のように 3 つの仮説を立て、3 回 t 検定を繰り返す
ことになります。

　　　　　仮説 1：中国語母語話者の平均値＝タイ語母語話者の平均値
　　　　　仮説 2：タイ語母語話者の平均値＝英語母語話者の平均値
　　　　　仮説 3：英語母語話者の平均値＝中国語母語話者の平均値

そして、3 回 t 検定を行った結果、いずれかの仮説が有意水準 0.05 で棄
却された、つまり有意差が観察されたとします。そうすると、「中国語
母語話者の平均値＝タイ語母語話者の平均値＝英語母語話者の平均値」
という仮説を棄却するという論理になります。しかし、そのように計算
すると、検定仮説を棄却しやすくなってしまうのです。

　具体的に計算して確認しましょう。仮説「中国語母語話者の平均値＝
タイ語母語話者の平均値」が棄却されない確率は 1 － 0.05 で 0.95 とな
ります。他の 2 つの組み合わせについても 0.95 となり、3 つすべての
組み合わせで棄却されない確率は 0.95^3、つまり 0.857375 となります。
棄却される確率は 1 － 0.857375、つまり 0.142625 となります。最初は
有意水準 0.05 で考えていたのに、3 つのうち少なくとも 1 つの組み合
わせで棄却される確率は 14.3％となり、5％よりずいぶん大きい値とな
り、その分棄却されやすくなってしまうのです。

68   II   統計の基礎 2

問題

1.

次の実験を行うために、どの t 検定を使用しますか。

　文章を読むときに、語彙の知識があるときとないときでは、どちらが速く読めるか検討する。対象者は、日本語上級クラスで学ぶ日本語学習者 29 名である。学習者は全員、難しさが同じだと確認されている 2 種類の文章を読み、内容に関する設問を解く。1 つの文章を読むときは事前に語彙の説明を行う。もう 1 つの文章を読むときは、語彙の説明はしない。読む前に語彙の説明があったときとないときとでは、結果に差があるか t 検定を行う。

2.

日本国内のタイ語母語話者学習者と国外の（タイで学ぶ）タイ語母語話者学習者では、聴解テストの得点に違いがあるか調査をしました。SPSS で t 検定をしたところ、次のデータが得られました。どのような結果になったと報告しますか。結果を報告する文章を書いてください。

グループ統計量

国内外		度数	平均値	標準偏差	平均値の標準誤差
得点	国内	23	74.6739	10.37108	2.16252
	国外	21	64.9762	13.71630	2.99314

独立サンプルの検定

		等分散性のためのLevene の検定		2 つの母平均の差の検定						
									差の 95% 信頼区間	
		F	有意確率	t	df	有意確率（両側）	平均値の差	差の標準誤差	下限	上限
得点	等分散が仮定されている	4.099	.049	2.660	42	.011	9.69772	3.64607	2.33966	17.05578
	等分散が仮定されていない			2.626	37.132	.012	9.69772	3.69261	2.21667	17.17877

第5章
クロス集計表の分析　χ^2 検定

5.1　χ^2 検定とは？

　χ^2 検定とは、2つの名義尺度の変数の間に、関連があるか、それとも、独立であるか、を見るものです。得られたデータをカテゴリー別に**クロス集計表**にまとめて、カテゴリーによって「多い」「少ない」などの偏りがあるかを検討するものです。たとえば、ある問いに対して「はい」と答えた人数と「いいえ」と答えた人数の割合が、A グループの母集団と B グループの母集団の間で違う傾向があるのか、違いがないのかを検証します。

[こんな時に使う！]

・日本国内の企業で働く外国人を対象に、採用条件として日本語能力が求められていたかどうかを尋ね、日系企業で働いているか外資系企業で働いているかによって結果が異なるかを検討する。

・ある日本語の文を示し、空欄の箇所にどの指示詞（これ、それ、あれ）を使用するか日本語学習者に尋ね、選択傾向が日本語の能力（上級レベル、中級レベル）によって差があるかを調査する。

・日本語初級教科書の会話例における「はい」と「ええ」の使用状況が、日本語母語話者による実際の会話で使用される「はい」と「ええ」の使用状況との間に差があるかを検討する。

5.2　クロス集計表

　100 人の日本語学習者（中国語母語話者 60 人、韓国語母語話者 40 人）を対象にアンケート調査を実施したとします。問い（1）の結果を集計したものが表 5–1 です。このような表をクロス集計表といいます。「母語」という名義変数と「問い（1）の回答（はい or いいえ）」という名義変数の関係を見ている

70　II　統計の基礎 2

ということがわかります。この結果を見ると、中国語母語話者も韓国語母語
話者もそれぞれ、「はい」の回答者数と「いいえ」の回答者数が 50％ずつだ
ということがわかります。このような場合は、母語により回答結果に差がな
いといえそうです。

表 5-1　クロス集計表例 1

		母語		合計
		中国語	韓国語	
問い(1)	はい	30	20	50
	いいえ	30	20	50
合計		60	40	100

　表 5–2 は、別の質問項目である問い (2) の結果をまとめたものです。全体
数（一番右の列）では、「はい」の回答者数と「いいえ」の回答者数は 50 人
ずつ、つまり 50％ずつで、表 5–2 の例と同じです。もし、中国語母語話者
と韓国語母語話者の間に回答傾向に差がなければ、表 5–1 のようにどちら
のグループも半数が「はい」、半数が「いいえ」と答えているはずです。し
かし、表 5–2 にあるように、問い (2) では、中国語母語話者は「いいえ」の
回答が多く、韓国語母語話者は「はい」の回答が多いことがわかります。つ
まり、母語によって問い(2)の回答結果が異なります。

表 5-2　クロス集計表例 2

		母語		合計
		中国語	韓国語	
問い(2)	はい	20	30	50
	いいえ	40	10	50
合計		60	40	100

全体の回答結果→「はい」「いいえ」が半々、
この割合をもとに「期待度数」を計算

第 5 章　クロス集計表の分析　χ^2 検定　71

　χ^2 検定では、**観測度数**と**期待度数**を比較します。表 5–2（問い (2)）の例で考えてみましょう。観測度数は、実際に集計したデータで、表 5–2 の数値が該当します。期待度数は、全体の回答結果の傾向を反映したものです。問い (2) は、全体では「はい」が 50%、「いいえ」が 50% なので、中国語母語話者も韓国語母語話者も同じ傾向であれば、中国語母語話者も韓国語母語話者もそれぞれ 50% が「はい」と回答したことになります。つまり、先述の表 5–1 のような数値になるはずです。この、全体数の傾向を反映した数値が期待度数になります。表 5–2 に期待度数を加えたものが表 5–3 です。

表 5-3　クロス集計表例 3

| 問い (2) | | 母語 | | 合計 |
		中国語	韓国語	
問い (2)	はい	20 (30)	30 (20)	50
	いいえ	40 (30)	10 (20)	50
合計		60	40	100

（　）は期待度数

全体の回答結果では「いいえ」が 50% なので、中国語母語話者 60 人の半数、つまり 30 人が「いいえ」と答えると期待できる。これが期待度数。

　期待度数は簡単に求めることができます。表 5–4 の★の部分の期待度数を計算してみましょう。

① 全回答者の中で「はい」と回答した割合を計算します。つまり、表 5–4 では C÷E、表 5–3 の数値で考えると 50÷100 となります。
② ★は中国語母語話者の回答が入るので、中国語母語話者全体数に①で計算した割合をあてはめます。つまり、①の割合に A（中国語母語話者全体数）を掛け合わせます（C÷E×A）。表 5–3 の数値で計算すると、50÷100×60 となり、期待度数は 30 となります。

72 II 統計の基礎2

表5-4 期待度数の計算

		母語		合計
		中国語	韓国語	
問い(2)	はい	20 (★)	30 (20)	C
	いいえ	40 (30)	10 (20)	D
合計		A	B	E

C÷E×A つまり 50÷100×60

5.3 χ^2 検定

χ^2 検定では、観測度数と期待度数の違いが起きる確率を計算します。クロス集計表に偏りがない、つまり、中国語母語話者と韓国語母語話者の間に違いがない場合には有意確率が大きくなり、頻度に違いがある場合には有意確率が小さくなります。有意水準を5％とした場合に、0.05（5％）以下の有意確率が得られたら、両言語母語話者の間には違いがあるといえます。つまり、母語と問いに対する答え方に関連があるということです。

自由度は「変数1のカテゴリー数−1」と「変数2のカテゴリー数−1」をかけた数値になります。ここの例では、母語のカテゴリー数が「中国語」と「韓国語」の2、回答のカテゴリー数が「はい」と「いいえ」の2なので、$(2-1)\times(2-1)$で1となります。

第5章 クロス集計表の分析 χ²検定 73

> **参考**
> χ^2 の値は次の式で求められます。O は観測度数、E は期待度数です。
> この式は、クロス集計表が $m \times n$ の場合で、表 5–1 から表 5–4 の場合には
> $m = 2$、$n = 2$ です。
>
> $$\chi^2 = \sum_{i=1}^{m} \sum_{j=1}^{n} \frac{(O_{ij} - E_{ij})^2}{E_{ij}}$$
>
> χ^2 検定は、この値が近似的に χ^2 分布することを利用して行います。

●残差分析

　上の例のように 2 行×2 列のクロス集計表の場合に有意な違いが観察されたら、どの部分が期待度数より観測度数のほうが有意に大きいか容易に判断できますが、2×3 以上のクロス集計表の場合は不可能です。たとえば、表 5–5 のクロス集計表を χ^2 検定すると、偏りがある、つまり母語と問い (2) は有意な関係があるという結果が得られます。しかし、特にどこで有意な違いがあるのか、つまりどの言語話者が「はい」と答える割合が高いのかということは一見しただけではわかりません。そこで、残差分析を行います。簡単にいうと、残差分析では、観測度数と期待度数の差を分析します。残差分析の指標には複数ありますが、表 5–6 に標準化残差と呼ばれるものの結果を示してあります（計算のし方は本書の程度を超えますので、省略します）。この結果から有意確率がわかります。表 5–6 の下にある基準に照らして判断します。どの基準を用いるかは、研究者が決めますが、通常、言語研究では 5％か 1％を採用します。たとえば、残差分析の結果の値が 2.58 より大きいか、−2.58 より小さければ、有意確率は 0.01（1％）よりも小さいと判断されます。つまり、その値は 1％水準で多い（残差がマイナスの値の場合は少ない）ということになります。表 5–6 を見ると、中国語母語話者は、「いいえ」と回答した者が有意に多く、韓国語母語話者は「はい」と回答した者が多いといえます。そして、タイ語母語話者の結果は全体の傾向と差がないと

74　II　統計の基礎2

判断できます。

表5-5　クロス集計表例4

		母語			合計
		中国語	韓国語	タイ語	
問い(2)	はい	20 (29.0)	30 (19.3)	20 (21.7)	70
	いいえ	40 (31.0)	10 (20.7)	25 (23.3)	75
合計		60	40	45	145

表5-6　残差分析結果(SPSSで計算)

	中国語	韓国語	タイ語
はい	−3.0	4.0	−0.6
いいえ	3.0	−4.0	0.6

|残差|が2.58より大きく、1％水準で有意。「マイナス」なので、「はい」と回答した者は少ない。

|残差|が2.58より大きいので、1％水準で、「はい」と回答した者は多い。

|残差|が1.96より小さいので、「はい」も「いいえ」も多いとも少ないともいえない。

[残差の基準]

残差＞1.65　または　残差＜−1.65　　（|残差|＞1.65）　　$p < .10$

残差＞1.96　または　残差＜−1.96　　（|残差|＞1.96）　　$p < .05$

残差＞2.58　または　残差＜−2.58　　（|残差|＞2.58）　　$p < .01$

＊|残差|の「｜｜」は絶対値を表します。

5.4　SPSSでの計算例

①変数ビューへの入力

　t検定と同様に行いますが、χ^2検定では、「型」は「文字列」に、尺度は「名義」にします。

第5章 クロス集計表の分析 χ^2検定 75

②データの入力

t 検定と同様に行います(59 ページ)。

③分析

上部のメニューバーの「分析」から「記述統計」内の「クロス集計表」を選びます。

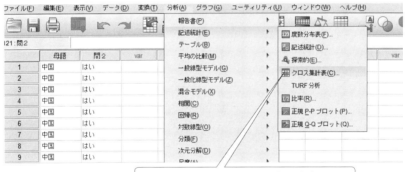

左の欄の変数から、クロス集計表を作成するために必要な変数を右の「行」と「列」にうつします。ここでは、「行」に「母語」、「列」に「問2」を移動させます。最後に右にある「統計量」を選びます。

76　II　統計の基礎2

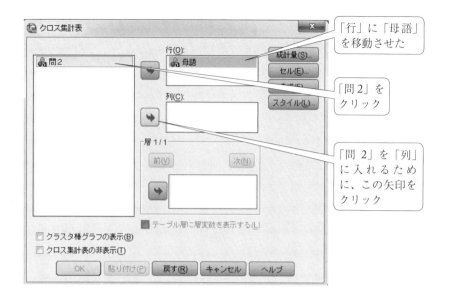

右上の「統計量」を選ぶと、「統計量の指定」の画面が表れます。「カイ2乗」(χ^2 検定のことです)にチェックマークを入れて、「続行」を選びます。

「クロス集計表」の画面に戻るので、右にある「セル」を選びます。そう

すると、「セル表示の設定」画面になります。各セルに観測度数と期待度数が表示されるように、「度数」の箇所で「観測」と「期待」を選びます。2×2より大きいクロス集計表の場合、残差分析が必要になることがありますので、「残差」の箇所で「調整済みの標準化」を指定します。

④結果の解釈

次のようなクロス集計表が完成されます。

78   II   統計の基礎 2

母語 と 問い 2 のクロス表

			問い 2 はい	問い 2 いいえ	合計
母語	中国語	度数	20	40	60
		期待度数	29.0	31.0	60.0
		調整済み残差	-3.0	3.0	
	韓国語	度数	30	10	40
		期待度数	19.3	20.7	40.0
		調整済み残差	4.0	-4.0	
	タイ語	度数	20	25	45
		期待度数	21.7	23.3	45.0
		調整済み残差	-.6	.6	
合計		度数	70	75	145
		期待度数	70.0	75.0	145.0

　χ^2 検定の結果では、χ^2 値、自由度、p 値（有意確率）が計算されます。ま
た、5 未満の期待度数がいくつのセルにあるか、それが全体のセルの何％
か、報告されます。ここで 20％を越えていると報告されたら注意が必要で
す（80 ページ参照）。

χ^2 値

有意確率が 0.000

カイ 2 乗検定

	値	df	漸近有意確率（両側）
Pearson の カイ 2 乗	17.070[a]	2	.000
尤度比	17.645	2	.000
有効なケースの数	145		

a. 0 セル（0.0%）は期待度数が 5 未満です。最
小期待度数は 19.31 です。

期待度数が 5 未満のセルはない！ということ。

第5章 クロス集計表の分析 χ^2 検定 79

●報告のしかた

χ^2 検定を報告するときは、クロス集計表を示した上で、χ^2 値、自由度、p 値(有意確率)を記載します。クロス集計表には、観測度数と期待度数を記載しますが、期待度数のかわりに割合(%)を示す場合もあります。有意差が観察され、2×2 より大きいクロス集計表の場合は、残差分析の結果も示します。先の例では次のように報告します。

中国語母語話者、韓国語母語話者、タイ語母語話者、それぞれの問い(2)の回答結果は表 5–7 のとおりである。χ^2 検定を行った結果、問い(2)は母語と有意な関連があることがわかった($\chi^2(2) = 17.07, p = .00$)。そこで、残差分析を行ったところ(表 5–8)、母集団においても韓国語母語話者は「はい」と回答する者が多く、中国語母語話者は「いいえ」と回答する者が多いことが明らかになった。

表5-7 クロス集計表例4

		問い(2) はい	いいえ	合計
母語	中国語	20 (29)	40 (31)	60
	韓国語	30 (19.3)	10 (20.7)	40
	タイ語	20 (21.7)	25 (23.3)	45
合計		70	75	145

( )内は期待度数

表5-8 残差分析結果

	中国語	韓国語	タイ語
はい	− 3.0	4.0	− 0.6
いいえ	3.0	− 4.0	0.6

80 II 統計の基礎 2

●注意

χ^2 検定では、セル全体の 20％以上で、期待度数が 5 以下のものがあると、χ^2 分布による近似が悪くなり、結果が不正確になります。その場合は、①期待度数が 5 以上になるようにデータを収集し直す、② 2×2 のクロス集計表であればフィッシャーの正確（直接）確率検定（Fisher's exact test）という方法を使う、③セルの合併をするなどします。しかし、③の場合は、意味のある合併をしなくてはいけません。次に紹介する研究例 1 は、セルの合併をしてχ^2 検定をしていますが、この例では意味のある合併だといえます。

研究例 1

森山卓郎（2009）『国語からはじめる外国語活動』pp.35–38、慶應義塾大学出版会

　森山（2009）は、小学生の読み取り能力について分析しています。ここでは 2 つの結果を紹介します。ひとつめは下の文章を示して、質問に答えてもらうというものです。

　　A くんは B さんをさがしています。運動場の近くで、D さんに「B さん、どこか知っている？」とたずねると、D さんはこういいました。「B さんは運動場であそんでいるじゃない」

　質問は、「① B さんは運動場にいない、② B さんは運動場にいる、③ B さんは運動場にいると思うけれどわからない、④ B さんは運動場にいないと思うけれどわからない、⑤こたえられない」からひとつを選んでください、というものです。

　結果は表 1 のとおりですが、このままでは①④⑤の期待度数が小さくなるので、χ^2 検定はできません。表 2 は、正答②を選んだ者とそれ以外を選んだ者とにわけて集計し直した表です。表 2 ではいずれのセルも期待度数が 5 を越えています。χ^2 検定の結果、正答を得られるかどうかは学年と関係があることがわかりました（$\chi^2(1) = 9.75, p < .01$）。すなわち、3 年生は正答以外の選択枝を選ぶ者が多いが、6 年生は正答を選ぶ者が多いといえます。

表 1　各選択枝の結果

	①	②	③	④	⑤	合計
3 年	4	21	36	1	1	63
6 年	1	52	31	1	3	88

（森山（2009）の表を一部改編）

82　II　統計の基礎 2

表 2　正答／誤答別結果

	正答	誤答	合計
3 年	21 (30.5)	42 (32.5)	63
6 年	52 (42.5)	36 (45.5)	88
合計	73	78	151

（　）内は期待度数
（森山(2009)の表を一部改編）

　次の例では、以下の文を示し、「意味はひとつではありません。どんな意味があるか、わかれば説明してください」と尋ねています。

　　春子さんは冬子さんと秋子さんに会いました

　小学校 3 年生と大学生の回答結果は表 3 のとおりです。χ^2 検定の結果、二義の読み取りは、3 年生と大学生では有意な違いがあることがわかりました（$\chi^2(1) = 100.53, p < .01$）。

表 3　二義読み取りの結果

	二義の読み取り成功	二義読み取り失敗	合計
3 年生	2 (27.5)	61 (35.5)	63
大学生	49 (23.5)	5 (30.5)	54
合計	51	66	117

（　）内は期待度数
（森山(2009)の表を一部改編）

研究例 2

島田めぐみ・澁川晶 (1999)「アジア 5 都市の日系企業におけるビジネス日本語のニーズ」『日本語教育』103 号、pp.109–118

アジア 5 都市(ソウル、大連、クアラルンプール、香港、バンコク)の日系企業におけるビジネス日本語のニーズについて調査した論文です。日系企業の人事担当者と、そこで働く非日本語母語話者(現地社員)を対象にアンケート調査を行い、1) 採用条件としての日本語、2) 現地社員の日本語学習経験とその動機、3) 日本語が求められる場面と実態について分析していますが、ここでは 1) の結果をとりあげます。

現地社員に対する「現在の勤務先の企業に就職する時、日本語は採用の条件となっていましたか」という質問の回答結果は表 1 のとおりでした。χ^2 検定を行った結果、日本語が採用の条件だった割合は都市間で有意に異なっていました($\chi^2(4) = 47.52, p < .01$)。残差分析の結果、ソウルと大連は「日本語が採用条件となっていた」と回答した者が多く、逆にクアラルンプールとバンコクは「採用条件となっていなかった」と回答した者が多いことがわかりました。

表 1 「日本語は採用の条件となっていましたか」の回答結果(人数)

	ソウル	大連	香港	KL	バンコク	計
はい	72(53)	53(45)	13(14)	29(41)	14(27)	181
いいえ	15(34)	21(29)	10(9)	39(27)	31(18)	116
合計	87	74	23	68	45	297

( )内は期待度数を示す　KL はクアラルンプールを示す
(島田・澁川(1999)の表を一部改編)

表 2 表 1 の残差分析の結果

	ソウル	大連	香港	KL	バンコク
はい	4.96**	2.17*	−0.45	−3.52**	−4.45**
いいえ	−4.96**	−2.17*	0.45	3.52**	4.45**

**$p < .01$　*$p < .05$
(島田・澁川(1999)の表を一部改編)

84   II   統計の基礎 2

問題

1.

次の表は、ある映画の中で 2 人の登場人物が「はい」と「ええ」をどのぐらいの頻度で使用しているか観測したデータです。（　）に期待度数を計算して書き入れてください。

	登場人物 A	登場人物 B	合計
はい	30 （　　）	10 （　　）	40
ええ	20 （　　）	40 （　　）	60
合計	50	50	100

2.

母語が漢字圏か非漢字圏かによって、漢字学習を楽しいと思っているか否かに違いがあるか、調査をしました。SPSS で χ^2 検定をしたところ、次のデータが得られました。どのような結果になったと報告しますか。結果を報告する文章を書いてください。

母語 と 楽しい のクロス表

			楽しい			合計
			あまり思わ ない	どちらとも いえない	とてもそう 思う	
母語	漢字圏	度数	8	12	16	36
		期待度数	6.9	13.2	15.9	36.0
	非漢字圏	度数	5	13	14	32
		期待度数	6.1	11.8	14.1	32.0
合計		度数	13	25	30	68
		期待度数	13.0	25.0	30.0	68.0

第5章　クロス集計表の分析　χ^2検定　85

カイ 2 乗検定

	値	df	漸近有意確率（両側）
Pearson のカイ 2 乗	.633[a]	2	.729
尤度比	.637	2	.727
有効なケースの数	68		

a. 0 セル（0.0%）は期待度数が 5 未満です。最小期待度数は 6.12 です。

Ⅲ
少し進んだ分析法

第6章
分散分析
複数の母集団の平均値の差を検討する

6.1 分散分析とは？

　分散分析は、複数の母集団の平均値の差を検討する分析方法です。t 検定では、2 群の平均値の間の差しか調べられませんが、**分散分析**は 3 群以上の平均値の差を検討することができます。

　分散分析は、**要因**の数、**対応の有無**により、とるべき方法が異なります。要因とは結果に影響を与える可能性があると考えられるものです。たとえばテスト得点に影響を与えるものとして母語だけを要因として検討する場合は**一元配置の分散分析**となります。母語以外に、国内学習者か国外学習者かという学習地域を要因に加える場合、**二元配置**となります。

　対応の有無というのは、データがひとつのグループから得られたのか、あるいは複数のグループから得られたのか、ということにより決定されます。たとえば、ひとつのグループの協力者から繰り返してデータを得て、そのデータを比較する場合は「繰り返しあり」つまり「対応あり」となります。一方、複数のグループのデータを比較する場合は「繰り返しなし」つまり「対応なし」となります。

［こんな時に使う！］

・日本語文法テストの結果が、中国語母語話者、英語母語話者、韓国語母語話者によって差があるかどうか検討する。（一元配置の分散分析、対応なし、90 ページ）

・自己評価アンケートを学期初め、学期半ば、学期終わりで実施し、その変化を調べ、ポートフォリオ評価活動を取り入れたクラスの学生と通常クラスの学生とで違いがあるかを検討する。（二元配置の分散分析、対応あり（時期）／対応なし（クラス）、95 ページ）

90   III   少し進んだ分析法

6.2   一元配置の分散分析

●対応なし

　要因がひとつしかない場合は、一元配置の分散分析を行います。たとえ
ば、タイ語母語話者、中国語母語話者、韓国語母語話者のテスト得点の平均
値を検討する場合、要因は母語となり、表6–1のようなデータが得られま
す。各母語話者グループは別のグループ（同じ人物ではない）なので「対応な
し」（繰り返しなし）となります。そして、要因となる母語のグループは、タ
イ語母語話者、中国語母語話者、韓国語母語話者という3つの**水準**があり
ますので、3水準となります。そのため、ここで行う分散分析は、1要因3
水準の分散分析となります。また、要因（この場合、母語）は**独立変数**、テス
ト得点は**従属変数**と呼びます。表6–2は、表6–1の結果をまとめた基本統
計量です。Nはnumberの頭文字でデータ数、Mはmeanの頭文字で平均
値、SDはstandard deviationの頭文字で標準偏差を表します。

表6–1　分散分析対応なしデータ例

母語	得点	母語	得点	母語	得点
タイ語	89	中国語	89	韓国語	50
タイ語	99	中国語	94	韓国語	54
タイ語	89	中国語	94	韓国語	80
タイ語	70	中国語	78	韓国語	78
タイ語	96	中国語	79	韓国語	57
タイ語	69	中国語	90	韓国語	73
タイ語	98	中国語	79	韓国語	75
タイ語	95	中国語	96	韓国語	72
タイ語	89	中国語	94	韓国語	63
タイ語	98	中国語	62	韓国語	77

3つのグループ
からのデータ
→対応なし

協力者は30人

表 6-2　基本統計量

	タイ語グループ	中国語グループ	韓国語グループ	全体
N	10	10	10	30
M	89.2	85.5	67.9	80.9
SD	10.5	10.3	10.4	13.9

●対応あり

　「対応あり」の場合は、単一のグループから複数のデータを得ます。たとえば、あるクラスの学習者10名を対象に、学期開始時、中間試験時、期末試験時に自己評価調査を実施したとします。得られたデータは表6-3と6-4のようになります。データは同じクラスの10名から3回繰り返して得ているため「繰り返しあり」あるいは「対応あり」のデータとなります。「対応なし」である表6-1のデータは30名が調査に協力していますが、「対応あり」の表6-3のデータは10名のみが協力しています。表6-3の結果をまとめた基本統計量が表6-4になります。

表 6-3　分散分析対応ありデータ例

	学期開始時	中間試験時	期末試験時
学習者1	67	90	83
学習者2	54	79	85
学習者3	52	82	85
学習者4	51	94	90
学習者5	69	42	88
学習者6	90	98	95
学習者7	81	86	78
学習者8	62	73	70
学習者9	58	67	89
学習者10	71	76	81

92   Ⅲ　少し進んだ分析法

表 6-4　基本統計量

	学期開始時	中間試験時	期末試験時
M	65.5	78.7	84.3
SD	12.3	15.3	6.7

6.3　分散分析の考え方

　タイ語母語話者、中国語母語話者、韓国語母語話者のテストの結果を比較する場合を考えます。表 6–1 と表 6–2 をまとめたものが表 6–5 です。表 6–5 には示されていませんが、3 グループ全体、すなわち全協力者の平均は 80.9 点、標準偏差は 13.9 点です。

表 6-5　母語別テスト結果

母語	得点	母語	得点	母語	得点
タイ語	89	中国語	89	韓国語	50
タイ語	99	中国語	94	韓国語	54
タイ語	89	中国語	94	韓国語	80
タイ語	70	中国語	78	韓国語	78
タイ語	96	中国語	79	韓国語	57
タイ語	69	中国語	90	韓国語	73
タイ語	98	中国語	79	韓国語	75
タイ語	95	中国語	96	韓国語	72
タイ語	89	中国語	94	韓国語	63
タイ語	98	中国語	62	韓国語	77
平均値	89.2	平均値	85.5	平均値	67.9
標準偏差	10.5	標準偏差	10.3	標準偏差	10.4

　母語別に見たときに、個人間での得点のばらつきがあるのがわかります。もうひとつ、3 つの母語間で比較したときに、母語間で、得点の平均に違いがあります。分散分析では、個人間のばらつきと母語間のばらつきを比較検討します。具体的に考えてみましょう。

もし 3 グループの平均値の間に差がなかったら、全体の平均値は 80.9 なので、3 グループとも平均値は 80.9 点になるはずです。それぞれのグループが全体平均とどのぐらい離れているかを表すために、全体の平均（80.9）と各グループの平均の差を算出し（表 6-6 ①）、それを二乗します（表 6-6 ②）。なぜ二乗するかというと、差が正か負かに関係なく、平均値からの距離を求めるためです。そこで得られた数値とそれぞれグループ内の人数をかけます（表 6-6 ③）。そして、その数値を合計します（表 6-6 ④）。これを**条件間平方和**といいます。

表 6-6　条件間平方和の計算

	タイ語母語	中国語母語	韓国語母語
N	10	10	10
平均値	89.2	85.5	67.9
標準偏差	10.5	10.3	10.4
① グループ平均 －全体の平均	89.2 － 80.9 ＝ 8.3	85.5 － 80.9 ＝ 4.6	67.9 － 80.9 ＝ － 13.0
② ①の二乗	68.9	21.2	169.0
③ ②×人数	688.9	211.6	1690.0
④ ③の総和 条件間平方和	2590.5		

しかし、得点には個人差が含まれています。個々の得点が所属する母語グループの平均値からどの程度ずれているのか、このずれが個人差となります。個人差は母語間の違いで説明できない残差と考えられます。もし個人差がなければ、たとえば韓国語母語話者は、全員が平均値である 67.9 点を得たはずです。そこで、どの程度残差（個人差）があったか計算します。各人の得点と該当グループの平均値の差を計算し（表 6-7 ①）、それを二乗し（表 6-7 ②）、その数値を合計します（表 6-7 ③）。これを**残差平方和**といいます。

94　Ⅲ　少し進んだ分析法

表 6-7　残差平方和の計算

タイ語母語話者得点	89	99	89	70	96	69	98	95	89	98
① 得点－グループ平均	− 0.2	9.8	− 0.2	− 19.2	6.8	− 20.2	8.8	5.8	− 0.2	8.8
② ①の二乗	0.0	96.0	0.0	368.6	46.2	408.0	77.4	33.6	0.0	77.4
中国語母語話者得点	89	94	94	78	79	90	79	96	94	62
① 得点－グループ平均	3.5	8.5	8.5	− 7.5	− 6.5	4.5	− 6.5	10.5	8.5	− 23.5
② ①の二乗	12.3	72.3	72.3	56.3	42.3	20.3	42.3	110.3	72.3	552.3
韓国語母語話者得点	50	54	80	78	57	73	75	72	63	77
① 得点－グループ平均	− 17.9	− 13.9	12.1	10.1	− 10.9	5.1	7.1	4.1	− 4.9	9.1
② ①の二乗	320.4	193.2	146.4	102.0	118.8	26.0	50.4	16.8	24.0	82.8
③ 各グループの②の総和　　　残差平方和	3241.0									

　母語別の平均値の差が条件(母語)によるものなのか、あるいは単に個人差(誤差)によるものなのかを見るために、計算した条件間平方和と残差平方和を比較し、どちらが大きいか検討します。比較するために、まず、条件間平方和と残差平方和それぞれをそれぞれの自由度で割ります。前者の自由度は3条件–1で2、後者の自由度は(10 人–1)×3条件で27となります。このようにして得られた数値(平均平方和、下記④)を比較することになります。そのために、**条件間平均平方和**と**残差平均平方和**の比を計算します(下記⑤)。この値が条件間で母集団に平均値の差がない場合に F 分布に従うことが証明されていますので、***F*比**といいます。検定の結果、この例では、F 比(F値)が有意でした。有意である場合には、条件の差、つまりここの例では母語による平均値の違いが誤差よりも有意に影響を与えていることになり、**「主効果があった」**といいます。

　　　④条件間平方和÷自由度　2590.5÷2＝1295.25

　　　　残差平方和÷自由度　3241.0÷27＝120.04

　　　⑤ F＝条件間平均平方和÷残差平均平方和

　　　　　1295.25÷120.04＝10.790

●多重比較

　1要因3水準の分散分析を行い、主効果が認められた場合、どの水準の間に差があるか、つまり上記の例では、タイ語母語話者と中国語母語話者の間、中国語母語話者と韓国語母語話者の間、韓国語母語話者とタイ語母語話

者の間、いずれに差があるのかを見るために**多重比較**を行います。

　具体的には、全ての水準間で**対比較**を行ないます。**Tukey（テューキー）法**（水準間で人数が等しい場合に用いる Tukey 法、水準間で人数が等しくない場合でも使える Tukey-Kramer 法の総称）、**Bonferroni（ボンフェローニ）法**（計算が簡単で使い易いが、対比較の数が 5 以下であることが望ましい）はじめ多数の方法があります。詳細は本書の程度を超えるので省略します。

6.4　二元配置の分散分析

　次に、二元配置の例を考えます。たとえば、タイ語母語話者と中国語母語話者の日本語学習者を対象に、学期開始時と学期半ばと学期終了時の自己評価アンケートを実施し、その結果を分析します。自己評価アンケートの結果

表 6-8　日本語学習者の自己評価アンケートの結果

要因 I　母語

要因 II　時期

母語	開始	半ば	終了
中国語	80	70	90
中国語	70	70	90
中国語	75	65	90
中国語	60	60	85
中国語	70	65	65
中国語	75	75	80
中国語	80	65	85
タイ語	55	70	80
タイ語	60	65	70
タイ語	75	80	70
タイ語	65	80	85
タイ語	70	70	80
タイ語	50	65	70
タイ語	60	70	75

繰り返しデータ→対応あり

96　Ⅲ　少し進んだ分析法

に影響を及ぼす要因として、学習者の母語と調査時期の2つが考えられる
ため、二元配置となります。データは表6-8のようになります。一元配置
と同様に、母語および調査時期のそれぞれの主効果を問題にしますが、さら
に、母語と調査時期の2つの要因が相互に関連して効果を持つ交互作用効
果が問題になります。

●主効果

　各要因の影響を検討するために、各要因の中の水準間で母平均に差がある
かを検討します。上記の例では、要因Ⅰである母語の主効果を見ます。すな
わち、タイ語母語話者と中国語母語話者の間で母集団の平均値に差があるか
について分析します。そして、要因Ⅱである時期についての主効果、つま
り、学期開始時と半ばと終了時で差があるかについて分析します。

●交互作用

　一方の要因の効果が、もう一方の要因の水準に依存する程度を見るために
交互作用を確認します。たとえば、表6-9の平均値が得られている中国語
母語グループと韓国語母語グループの(要因Ⅰ)、学期開始時と学期半ばと学
期終了時の(要因Ⅱ)、自己評価アンケートの結果を分析するとします。これ
を図で表すと図6-1のようになります。どの時期においても韓国語グルー
プのほうが平均値が高いことがわかります。このような場合、要因Ⅰである
各グループの平均値は、要因Ⅱの水準(学期開始時と学期半ばと学期終了時)
にかかわらず一定して韓国語グループのほうが高得点といえ、交互作用はあ
りません。

表6-9　中国語母語話者と韓国語母語話者の自己評価アンケート結果

	開始	半ば	終了
中国語グループ	50.0	60.0	70.0
韓国語グループ	70.0	80.0	90.0

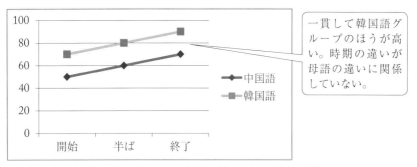

図 6-1　中国語母語話者と韓国語母語話者の結果

表 6–10 は、中国語母語グループとタイ語母語グループの (要因 I)、学期開始時と学期半ばと学期終了時の (要因 II)、自己評価アンケートの結果 (平均値) です。これを図で表すと図 6–2 のようになります。学期開始時と終了時では、中国語母語話者グループのほうが平均値が高いですが、学期半ばではタイ語母語話者のほうが平均値が高くなっています。このような場合、要因 II の水準 (学期開始時と学期半ばと学期終了時) が要因 I (母語) に影響を及ぼす程度が異なっており、交互作用があるといいます。

表 6-10　中国語母語話者とタイ語母語話者の自己評価アンケート結果

	開始	半ば	終了
中国語グループ	72.9	67.1	83.6
タイ語グループ	62.1	72.9	75.7

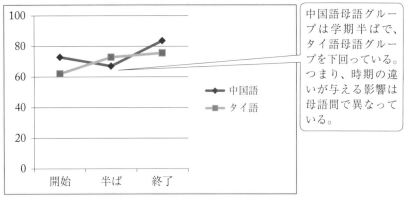

図 6-2　中国語母語話者とタイ語母語話者の結果

● 単純効果（単純主効果）

　交互作用が見られた場合には、一方の要因の水準ごとにもう一方の要因の効果を検討します。単に主効果を検討するよりも、意味のある結果が得られるからです。中国語母語グループとタイ語母語グループごとに（要因Ⅰの2つの水準別に）、学期開始時と学期半ばと学期終了時（要因Ⅱ）の効果を検討します。これは、母語グループ別に要因Ⅱ（学習時期）の効果を検討していることになります。これを単純効果、または、単純主効果といいます。単純効果の検討は、一元配置の分散分析を要因Ⅰの水準別に実施することと同じことになります。ですから、多重比較なども実施できます。

● 検定結果の検討

　SPSSなどの多くの統計ソフトでは、主効果、交互作用、単純効果の検定結果がすべて出力されますが、これらの結果は基本的に以下の順序で検討していきます。

1）まず、交互作用の検定結果を見ます。
　　交互作用が有意でないならば、2）へ進みます。
　　交互作用が有意ならば、3）へ進みます。
2）交互作用がない場合には、要因Ⅰと要因Ⅱの効果が独立に従属変数に効果を持ちますので、要因Ⅰの主効果、要因Ⅱの主効果の検定結果を

見ます。要因Ⅰも要因Ⅱも有意でない場合には、どちらの要因も従属変数に効果がないと判断でき、要因Ⅰと要因Ⅱの両者ともに有意であれば、両方の要因が独立して従属変数に効果があると判断できます。いずれか一方の要因のみが有意である場合には、その要因のみの効果があると判断できます。

3）交互作用が有意な場合には、要因Ⅰの効果の大きさが要因Ⅱの水準ごとに異なっていますので、要因Ⅰの水準ごとに要因Ⅱの効果の大きさを一元配置の分散分析で検定します。すなわち、単純効果の検定結果を見ます。その結果が有意な場合に、要因Ⅰの当該水準が要因Ⅱに効果を持つと判断できます。また逆に、要因Ⅱの効果の大きさが要因Ⅰの水準ごとに異なっていますので、同様の手順で検定します。

6.5 SPSS での計算例

6.2 の一元配置の例を統計ソフト SPSS で計算してみましょう。
①変数ビューへの入力
変数ビューというタブを選び、各変数の情報を入力します。

この場合の変数は「母語」「得点」です。まず「母語」の情報を入れます。「名前」欄に「母語」と入力します。本来であれば「母語」は名義変数です。ところが、SPSSでは、一元配置の分析の際「因子」を「スケール尺度」にしておかないと計算ができません。そのため、「因子」である「母語」の尺度を「スケール」として、数値化して入力します。「得点」の情報は、「名前」を「得点」、「型」を「数値」、「尺度」を「スケール」とします。

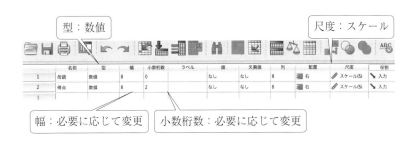

　その他、「幅」欄は入力するデータの文字数を表します。初期設定では「8」となっています。今回はこのままにしておきます。「小数桁数」欄は必要に応じて桁数を決めます。「母語」は「タイ語」を「1」、「中国語」を「2」、「韓国語」を「3」としますので、「小数桁数」は「0」とします。

②データの入力
　データビューのタブを選び、次の表のようにデータを入力します。先に述べたようにSPSSで一元配置の分散分析を行うためには「因子」つまりここでは「母語」を数値化して半角で入力しなければいけません。「タイ語」を「1」、「中国語」を「2」、「韓国語」を「3」とします。「得点」も同様に入力します。

第6章 分散分析 101

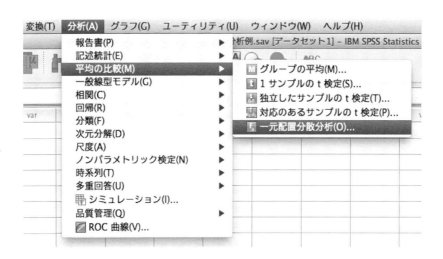

③分析

画面の上部の分析メニューから「平均の比較」の中の「一元配置分散分析」を選びます。

III 少し進んだ分析法

「従属変数」に左のリストから「得点」を選び入れます。「因子」には「母語」を選び入れます。次に右側にある「その後の検定」を選び、多重比較の種類を選びます。

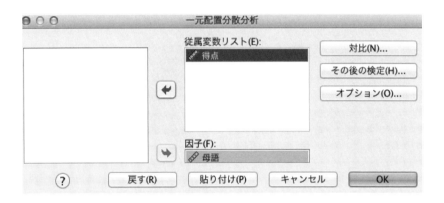

多重比較は「Tukey」を選び、「続行」をクリックします。一つ前の画面になるので「OK」をクリックします。

④結果の解釈

結果が算出されます。「グループ間」の「平方和」は表 6-6 で計算した「条件間平方和」のことで、「グループ内」の「平方和」は表 6-7 で計算し

第6章　分散分析　103

た「残差平方和」のことです。それぞれをそれぞれの自由度で割った数値が「平均平方和」です。F比も先に手計算した時と同じ数値が得られました。有意確率は 0.000 ですので、母語による平均値の違いが誤差よりも有意に影響を与えていることになり、「主効果があった」という結果が得られました。

残差平方和

条件間平方和

分散分析

得点

	平方和	df	平均平方	F	有意確率
グループ間	2590.467	2	1295.233	10.790	.000
グループ内	3241.000	27	120.037		
合計	5831.467	29			

「主効果があった」という結果が得られたので、多重比較の結果を見ます。母語1(タイ語)と母語3(韓国語)の間、母語2(中国語)と母語3(韓国語)の間に、有意な差があるということがわかります。

多重比較

従属変数：　得点

母語1と母語3の間に有意差あり

Tukey HSD

(I) 母語		平均差 (I-J)	標準誤差	有意確率	95% 信頼区間	
					下限	上限
1	2	3.70000	4.89974	.733	-8.4485	15.8485
	3	21.30000*	4.89974	.001	9.1515	33.4485
2	1	-3.70000	4.89974	.733	-15.8485	8.4485
	3	17.60000*	4.89974	.004	5.4515	29.7485
3	1	-21.30000*	4.89974	.001	-33.4485	-9.1515
	2	-17.60000*	4.89974	.004	-29.7485	-5.4515

*. 平均の差は 0.05 水準で有意です。

母語2と母語3の間に有意差あり

104 Ⅲ 少し進んだ分析法

得点

Tukey HSD[a]

母語	度数	$\alpha = 0.05$ のサブグループ	
		1	2
3	10	67.9000	
2	10		85.5000
1	10		89.2000
有意確率		1.000	.733

等質なサブグループのグループ平均値が表示され
ています。

a. 調和平均サンプルサイズ = 10.000 を使用

第6章 分散分析　105

コラム　母数モデル・変量モデル・混合モデル

　分散分析で要因を考える時、たとえば、日本語を学習する環境の影響を調べようとして、要因を「日本語を学習している地域」とした場合に、水準を「国内学習者」と「国外学習者」の2水準を設定することがあります。また、日本語の学習効果について「日本語学習機関の違い」が「技能別の学習効果」と関係があるか否かを調べたい場合に、要因を「日本語学習機関」と「4つの技能」として、複数の日本語学習機関で調査したとします。この場合、すべての日本語学習機関で調査できるのではなく、代表的な日本語教育機関を選んで実際の調査を行います。

　さて、「日本語を学習している地域」という要因と「日本語学習機関」という要因に違いがあることに気が付きませんか？　前者は「国内」と「国外」とですから、水準がすべての場合を尽くしています。それに対して、後者は要因として「A大学留学生別科」とか「B日本語学校」などが水準となり、すべての学習機関を網羅していません。

　分散分析では、これらの間で異なるモデルが用いられます。要因に関わるすべての水準を尽くしている場合を「母数モデル」、要因内から選ばれた水準を用いている場合を「変量モデル」といい、二元配置の分散分析で、一方の要因が「母数モデル」でもう一方の要因が「変量モデル」になっている場合には「混合モデル」といいます。

　この本では、これらのことに触れていませんが、モデルが異なることにより分散分析の計算法が若干異なります。多くの計算プログラムでは、モデルの違いを最初に指定します。あるいは、指定しない場合にはいずれかのモデルで計算が実行されます。指定の仕方、あるいは、デフォルトでどのモデルが選択されるかについては、利用する計算プログラムのマニュアルや解説書を参照してください。

106 Ⅲ 少し進んだ分析法

コラム *F*分布表

SPSSを利用すれば、*t*検定の場合は*t*値と有意確率、χ^2検定の場合はχ^2値と有意確率、分散分析の場合は*F*比（*F*値）と有意確率が計算されます。しかし、手計算で*t*値、χ^2値、*F*比（*F*値）などを計算した場合は、それぞれ*t*分布表、χ^2分布表、*F*分布表を利用して、有意確率を判断します。

*F*分布表を例に説明します。6.3（92～94ページ）で母語別のテスト結果を分散分析で検討する過程で*F*比（*F*値）を計算しました。有意確率を知るためには、計算した*F*比を*F*分布表に照らし合わせます。下の表は*F*分布表の一部です。まず、該当する自由度を探します。表の「*df*①」が要因の自由度、つまり*F*比の分子の自由度を表し、「*df*②」が個人差の自由度、つまり*F*比の分母の自由度を表します。1.3の例では、「*df*①」（要因の自由度）が2、「*df*②」（個人差の自由度）が27でした。該当する自由度の欄が見つかったら*F*比の値を見ます。左から2.51、3.35、5.49とあり、順に有意確率が.10、.05、.01であることがわかります。もし*F*比が4だとしたら、有意確率0.01から0.05の間に入るということがわかり、5％水準で有意と判断されます。もし*F*比が2だと

*df*①	*df*②	*F*比		
	·			
	·			
	25	2.53	3.39	5.57
	26	2.52	3.37	5.53
2	27	2.51	3.35	5.49
	28	2.50	3.34	5.45
	29	2.50	3.33	5.42
	·			
	·			
確率		.10	.05	.01

ここを見る！

すると、有意確率は 0.10 より大きく、有意差なしと判断できます。F 比が大きいほど（分子つまり条件間平均平方和が大きいほど）確率は低くなります。6.3（94 ページ）で計算された F 比は 10.790 だったので、一番右の欄の 5.49 よりも大きいことがわかります。そこで、$p < .01$ だと判断できます。このように、有意確率を知るには、F 比と自由度が必要となります。

108　Ⅲ　少し進んだ分析法

研究例 1

張勇 (2013)「日本語学習者の異文化態度に関する意識調査—日本語専攻の中
国人学生を対象に—」『日本語教育』154 号, pp.100–114

　中国人日本語学習者が、異文化の社会や人々に対してどのような態度を
もっているかを検証するために、複数の専攻の中国人大学生に質問紙調査を
実施しています。質問紙調査では、対日態度と一般的異文化態度に関する質
問をしています。対日態度を見るための質問は、「日本人は親切で優しい」
(肯定的対日態度)、「日本人は表と裏がある」(否定的対日態度) など 20 の項
目について「強く賛成 (5)」「少し賛成 (4)」「どちらでもない (3)」「少し反
対 (2)」「強く反対 (1)」からもっともあてはまるものをひとつ選ぶというも
のです。
　下の表は、日本語専攻の学生と英語専攻、フランス語専攻、その他文系専
攻の学生が回答した対日態度の結果を表したものです。肯定的対日態度につ
いて、専攻ごとの全学年の平均値について 1 要因の分散分析を行ったとこ
ろ、専攻の主効果が見られました ($F(3,795) = 26.19, p < .001$)。そこで、多
重比較 (Tukey の HSD 法) の検定を行った結果、日本語専攻の学生の平均値
は、そのほかの専攻のいずれの平均値よりも有意 ($p < .05$) に高く、英語専
攻の学生の平均値は他文系専攻の学生より有意 ($p < .05$) に高いことがわか

対日態度	専攻	N	$M(SD)$
肯定的	日本語	276	4.39 (0.39)
	英語	264	4.23 (0.46)
	フランス語	81	4.10 (0.55)
	他文系	178	4.02 (0.51)
否定的	日本語	276	3.41 (0.61)
	英語	264	3.52 (0.59)
	フランス語	81	3.76 (0.61)
	他文系	178	3.48 (0.55)

(張 (2013) をもとに作表)

りました。

　否定的対日態度についても1要因の分散分析を行ったところ、専攻の主効果（$F(3,795) = 7.63, p < .001$）が見られました。多重比較の検定を行った結果、日本語専攻、英語専攻、他文系専攻の学生の平均値は、フランス語専攻の平均値よりも有意（$p < .05$）に低いことがわかりました。

研究例2

谷内美智子・小森和子（2009）「第二言語の未知語の意味推測における文脈の効果—語彙的複合動詞を対象に—」『日本語教育』142号, pp.113–121

　未知語の意味推測に対する文脈量と日本語習熟度の影響を、語彙的複合動詞を対象に検討した研究です。16語の語彙的複合動詞について、単独で提示した場合、単文で提示した場合、複文で提示した場合に意味推測ができるかを測定するテストを作成し、モンゴル語母語話者35名（日本語上位群18名、日本語下位群17名）を対象に実施しました。

条件	日本語上位群（$n = 18$）		日本語下位群（$n = 17$）	
	平均	標準偏差	平均	標準偏差
単独	1.78	1.44	2.59	1.94
単文	7.50	4.05	4.35	2.74
複文	9.22	3.77	6.29	3.35

　未知語の意味推測に及ぼす文脈量と日本語習熟度の影響を検討するために、文脈要因（単独条件、単文条件、複文条件の3水準）と日本語習熟度要因（上位群、下位群の2水準）の3×2の二元配置の分散分析を行いました。文脈要因は被検者に「繰り返しあり」の被験者内要因で、日本語習熟度要因は被検者に「対応なし」の被験者間要因です。分析の結果、文脈要因の主効果が有意でした（$F(2,66) = 50.685, p < .001$）。また、日本語習熟度要因の主効果も有意でした（$F(1,33) = 4.833, p < .05$）。さらに交互作用も有意という

110　Ⅲ　少し進んだ分析法

結果が得られました $(F(2, 66) = 7.764, p < .01)$。交互作用が有意であったので単純主効果の検定を行いますが、文脈量の影響を検討するために、上位群と下位群のそれぞれで文脈要因について反復測定の一元配置の分散分析を行っています。その結果、上位群でも $(F(2, 34) = 42.923, p < .001)$、下位群でも $(F(2, 32) = 12.364, p < .001)$、文脈要因の主効果が有意でした。そこで、単独、単文、複文のいずれの間で差があるのかを確認するために、ボンフェローニの多重比較を行っています。上位群の場合、単独条件と単文条件の間、および単独条件と複文条件の間が 1% 水準で有意でした。さらに、単文条件と複文条件の間も 5% 水準で有意でした。このことから、上位群では、文脈が多ければ、意味推測に成功しやすいことが示唆されます。一方、下位群では、単独条件と複文条件の間が 1% 水準で有意、単文条件と複文条件が 5% 水準で有意でしたが、単独条件と単文条件の間では有意ではありませんでした。このことは、下位群の場合、単独条件と単文条件では文脈の有無によって意味推測に成功するか否かに差はなく、複文条件では意味推測に成功しやすいことを示しています。

　次に日本語習熟度の影響を検討するために、文脈要因のそれぞれの条件について、上位群と下位群の得点の差を分析しています。その結果、上位群と下位群の得点の差は、単独条件では有意ではありませんでしたが $(F(1, 34) = 1.990, \text{n. s.})$、単文条件 $(F(1, 34) = 7.173, p < .05)$ および複文条件 $(F(1, 34) = 5.881, p < .05)$ で有意でした。

第6章 分散分析　111

問題

1.
次の調査を行う場合の分散分析は、一元配置、二元配置のいずれになりますか。また、その場合の要因と水準について説明してください。

ハワイの日系人の日本語語彙の理解度を調べる。「bento」「ogo」などの30語の理解度を得点化し、2世、3世、4世で違いがあるかを分析する。また、調査対象の語は「料理に関する語」と「文化に関する語」とに分け、カテゴリーによる差があるか分析する。

2.
ある日本語のクラスで成績によって、e-learning システムへのアクセス回数に違いがあるか否かを検討しました。SPSS で分散分析をしたところ、次のデータが得られました。「成績上位グループ」を「1」、「成績中位グループ」を「2」、「成績下位グループ」を「3」と表しています。どのような結果になったと報告しますか。結果を報告する文章を書いてください。

記述統計

アクセス回数

	度数	平均	標準偏差	標準誤差	平均値の 95% 信頼区間 下限	上限	最小	最大
1	15	13.67	2.35	0.607	12.37	14.97	8	15
2	15	11.93	2.12	0.547	10.76	13.11	7	15
3	15	7.27	3.058	0.79	5.57	8.96	2	15
合計	45	10.96	3.692	0.55	9.85	12.06	2	15

112　Ⅲ　少し進んだ分析法

分散分析

アクセス回数

	平方和	df	平均平方	F	有意確率
グループ間	328.711	2	164.356	25.453	0
グループ内	271.2	42	6.457		
合計	599.911	44			

多重比較

従属変数:　アクセス回数

Tukey HSD

(I) 成績	(J) 成績	平均差 (I-J)	標準誤差	有意確率	95% 信頼区間	
					下限	上限
1	2	1.733	0.928	0.161	-0.52	3.99
	3	6.400*	0.928	0	4.15	8.65
2	1	-1.733	0.928	0.161	-3.99	0.52
	3	4.667*	0.928	0	2.41	6.92
3	1	-6.400*	0.928	0	-8.65	-4.15
	2	-4.667*	0.928	0	-6.92	-2.41

*.　平均の差は 0.05 水準で有意です。

第7章
因子分析
データに共通する概念を探る

7.1 因子分析とは？

　調査やテストをした場合、ひとりの調査対象者から、複数の質問項目やテスト項目のデータが得られます。たとえば、あるアンケート調査に30の質問項目があった場合、いくつかの質問項目は同じような回答傾向にあるかもしれません。それらの質問項目には共通した「何か」がある、すなわち、潜在的な概念（特性、変量）が潜んでいると考えられます。観測された情報（たとえばアンケート調査で得られたデータ）には、潜在的な概念や要因があると仮定し、観測された情報をそこに圧縮してまとめようとするのが因子分析です。

　具体的には、たとえば、久保田(2006)は、海外で非母語話者日本語教師のビリーフに関する質問紙調査を行いました。因子分析法によって分析し、その結果、日本語教師のビリーフに影響を与える潜在的な概念（特性）として、知識面を重視する「正確さ志向因子」（因子Ⅰ）と学習者の達成感など精神面を重視する「豊かさ志向因子」（因子Ⅱ）があることを明らかにしました。
［こんな時に使う！］
・日本語学習者を対象に動機付けに関する質問紙調査を行い、動機付けに影響を与える因子を検討する。
・日本語教員を対象とした質問紙調査を実施し、潜在的な不安要因を検証する。
・日本語聴解テストが測定している潜在的な特性を検討するために、テストを実施し、因子分析を行う。

7.2 顕在変量と潜在変量

　調査やテストをして得られたデータを**観測変量**あるいは**顕在変量**、背後に潜んでいる概念や要因を**潜在変量**あるいは**因子**と呼びます。観測変量をもとに潜在変量を探りあてる因子分析を「**探索的因子分析**」といいます。これに対して、既に研究が進んでいるテーマで先行研究の結果から因子構造を仮定することが可能で、新たに集められたデータがその構造を反映しているかどうかを検証する目的で実施される因子分析を「**確認的因子分析**」といいます。日本語教育の研究では現在のところ探索的因子分析が用いられることが多く、単に因子分析という場合には探索的因子分析を指すことが多いようです。

7.3 因子分析を利用した研究例

　具体例を見ながら因子分析を説明します。日本語学習者を対象とした Can-do statements 自己評価の研究があります（三枝, 2004）。この研究では、794名の日本語学習者を対象に、自分の日本語運用能力に関し自己評価を実施してもらいました。自己評価の項目は「○○ができる」という形式のもので、「読む」技能に関する項目15項目、「書く」技能に関する項目15項目、「話す」技能に関する項目15項目、「聞く」技能に関する項目15項目、合計60項目からなっています。各項目について「1（まったくできない）」から「7(問題なくできる)」の7段階で回答してもらいました。

①因子数の決定
　統計分析ソフトで計算すると複数の因子（の候補）が抽出されます。抽出された因子（の候補）から、観測変数に大きく影響を与えている因子を選び出すという作業を行います。
　統計分析ソフトでは最初に相関行列というものが計算され出力されます。この相関行列に対して、ある数学的な特徴を表す固有値と呼ばれる指標が計算されます。固有値は最大で項目数と同じ数だけ得られます。60項目のテ

ストあるいは調査の場合には、最大で60コの固有値が計算されます（固有値の数学的定義はこの本の程度を超えるので、ここでは「固有値と呼ばれる指標が計算される」と理解しておけばよいでしょう）。この固有値の大きさで因子数を判断します。「1.0以上の値をもつ固有値の数を因子数とする」という基準もありますし、「固有値を大きいものから順に並べた時にその大きさが急激に下がる直前までの固有値の数を因子数とする」などの基準もあり、唯一絶対の基準があるわけではありません。固有値の大きさで自動的に因子数が決められるわけではないということです。

　この研究例では、1.0以上の固有値が5つ得られました。もっとも大きい固有値が28.98、その後、3.96、2.41、1.61、1.31と続きます。多くの統計ソフトでは特に何も指定しない場合に1.0以上の固有値の個数を因子数とすることが多いです。この場合は、ひとつめの因子の固有値が圧倒的に大きく、この因子のみで、観測されたデータのかなりの部分を説明できることになりますが、多くの統計分析ソフトでは特に指定しない限り因子数を5として、その後の分析を続けます。

　さて、統計分析ソフトから出力された上記5つの因子から最終的にいくつ採用するかは研究者が決めなければなりません。その際、固有値のほか、値を大きい順に図示したスクリー・プロットなどを参考にします。この研究でのスクリー・プロットは図7–1に示すようになります。3つめの因子の固有値2.41と4つめの因子の固有値1.61の間の差は、それ以降の差よりも比較的大きいといえます。スクリー・プロットを見ても、第4固有値から差がなだらかになっているのがわかります。そこで、取りあえず因子数を3とします。

②因子の解釈

　因子を3つと判断したので3因子解を採用し、プロマックス解（表7–6参照）と呼ばれる解を計算します。表7–1には、その結果得られた因子パタンが示されています。各々の数値は因子負荷と呼ばれる重み係数で、各観測変量にそれぞれの因子がどれだけ反映（影響）しているかを表す係数です。

　表7–1を見ると、「読む」技能のすべての項目は第2因子で大きい値を示

116　Ⅲ　少し進んだ分析法

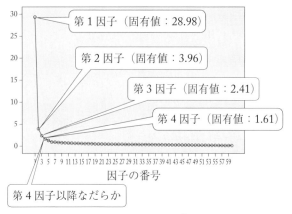

図 7-1　スクリー・プロット

しており、逆に、他の技能の項目には第 2 因子で大きい値を示す項目は少ないことから、第 2 因子は「読む」技能を反映する因子と考えられます。

「書く」技能を見ると、項目 20 から 30 まではすべて第 3 因子で大きな値を示しています。項目 16、項目 17、項目 18、項目 19 は第 2 因子で比較的大きな値となっています。項目 16 は「日本語で履歴書が書けますか」、項目 17 は「日本語能力試験の申込書が書けますか」、項目 18 は「論文などの要約を書くことができますか」、項目 19 は「封筒やはがきの住所が正しい書き方で書けますか」です。項目 16 から 18 は、書く前に説明書やフォーマット、元となる論文を読むことが前提となっており、項目 19 は何らかの文書から住所を書き写す作業だと考えられ、そのため、「読む」技能の項目で大きい値を示していた第 2 因子で大きな値を示していると考えられます。

「話す」技能と「聞く」技能の項目については、大部分の項目が第 1 因子で大きな値を示しています。いくつかの項目において、第 2 因子や第 3 因子で大きな値を示していますが、これらの項目は「読む」技能や「書く」技能にも関連している内容だと考えられます。

次に因子間相関を確認します。この例では、第 1 因子と第 2 因子の間の相関は .661、第 1 因子と第 3 因子の間は .700、第 2 因子と第 3 因子の間

表 7-1　因子パタン（絶対値が 0.200 未満のものは省略した）

技能	項目	第1因子	第2因子	第3因子	技能	項目	第1因子	第2因子	第3因子
読む	1		.657	.230	話す	31	.448		.371
	2		.867			32	.662		
	3		.780			33	.695		
	4		.805			34	.649		.253
	5		.618	.347		35	.744		
	6		.806			36	.816		
	7		.676	.213		37	.349		.461
	8		.715			38	.57		.280
	9		.743			39	.803		
	10		.788			40	.443	−.280	.585
	11		.813			41	.760		.208
	12		.796			42	.832		
	13		.639	.209		43	.730		
	14		.804			44	.621		.259
	15		.796			45	.658		.343
書く	16		.585		聞く	46	.435	.297	
	17		.638			47	.425	.491	
	18		.456	.551		48	.539	.418	
	19		.326			49	.323	.217	.331
	20			.706		50	.757		
	21		.287	.448		51	.625		
	22			.592		52	.807		−.241
	23			.759		53	.219	.392	.214
	24			.570		54	.607	.340	
	25			.486		55	.660	.326	
	26			.690		56	.750		
	27			.538		57	.738		
	28			.799		58	.507	.248	
	29			.859		59	.789		−.222
	30			.778		60	.633		

118　Ⅲ　少し進んだ分析法

は .641 と、いずれも高い値を示していました。このことから、Can-do-statements 自己評価の 60 項目はすべて同一の因子、つまり「自己評価としての日本語能力」としてとらえることもできます。このことは相関行列の固有値を求めた時に、第Ⅰ固有値が第Ⅱ以下の固有値にくらべて優越して大きな値を示していることからもわかります。

③因子の命名

　因子が確定したら、因子にその内容が十分わかるような名前をつけます。上記の例の場合、第 1 因子は「口頭能力」、第 2 因子は「読む能力」、第 3 因子は「書く能力」となります。この命名は、研究者が因子負荷の大きさや項目の内容を検討して行いますので、研究者により異なる可能性が十分にあります。ここが研究者の腕の見せ所ともいえます。

7.4　一般的な因子分析の手順

　簡単に因子分析の流れを研究例に沿って説明しましたが、一般に因子分析は、

1) 観測された複数の変量の背後に潜在変量をいくつ設定すればよいか決定する（因子数の決定）
2) 各観測変量は潜在変量（因子）とどのような関係にあるか、数理的な基準を満たすように因子の構造を確定する（具体的な数理的基準についてはこの本の程度を超えるので省略します）
3) 2) で得られた因子の数理的な構造を変えないまま、解釈しやすい構造に変換して表現する
4) 3) で得られた因子の構造を解釈する

という段階を踏んで進められます。

　少し難しいいい方をすると、1) 2) で初期解を求め、3) で変換解（回転解）を求め、4) でその結果を解釈するということです。

　ここでは、変量の数を少なくして見通しをよくするために、前述した Can-do-statements の研究ではなく、中国のある大学で実施した日本語テス

トの例を用います。この日本語テストは、「語彙」に関する大問が3つ、「文法」に関する大問が2つ、「読解」に関する大問が2つ、「文字」に関する大問が1つ、それに「日本語訳」の問題と「中国語訳」の問題とで、全部で10個の大問があります（表7–2）。大問毎に得点が算出され、大問間の相関係数を計算します。これを要素とする相関行列（10×10の正方行列）から因子分析をします。

表7-2　日本語テスト例の問題構成

大問番号	1	2	3	4	5
測定内容	語彙	語彙	語彙	文法	文法
大問番号	6	7	8	9	10
測定内容	読解	読解	文字	日本語訳	中国語訳

　この相関行列の固有値を計算すると大きいものから順に、3.872、1.598、1.032、0.859、0.696、…と続きます。図7–2にスクリー・プロットを示します。1.0以上の固有値の個数は3つですが、3番目の固有値はぎりぎりの値です。第1固有値が第2以下の固有値に比べて相対的に大きいですが、ここでは例示のために、1因子ではなく、2因子として分析を進めます。

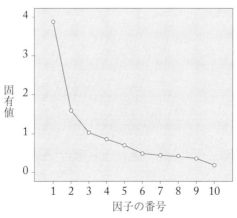

図7-2　スクリー・プロット

120　Ⅲ　少し進んだ分析法

　初期解を主因子解で計算した結果得られた、各観測変量(各大問の得点)と
因子との関係(因子パタン)を表7–3に、座標平面上にプロットしたものを
図7–3に示しました。さらに、変換解を計算して、その結果得られた各観
測変量(大問)と因子との関係(因子パタン)を表7–4に、座標平面上にプロッ
トしたものを図7–4に示しました(ここでは初期解に主因子解、変換解にバ
リマックス解と呼ばれる解を採用していますが、これらについては、7.5を
参照してください)。

表7-3　初期解の因子パタン

大問	因子Ⅰ	因子Ⅱ
1	.631	− .142
2	.686	− .246
3	.469	− .075
4	.669	− .247
5	.724	− .283
6	.494	.021
7	.356	− .220
8	.743	.514
日本語訳	.594	.352
中国語訳	.199	.701

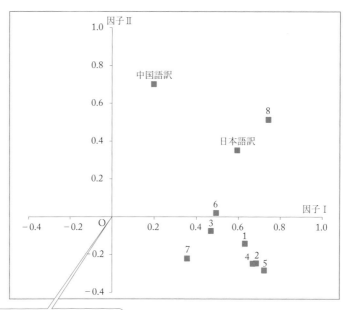

原点（Oの部分）を中心に座標軸を時計回りに回転すると図7-4になる

図7-3 初期解の因子負荷プロット

表7-4 変換解（バリマックス解）の因子パタン

大問	因子Ⅰ	因子Ⅱ
1	.620	.183
2	.719	.119
3	.446	.163
4	.704	.110
5	.770	.106
6	.421	.259
7	.418	−.019
8	.398	.811
日本語訳	.347	.597
中国語訳	−.168	.709

III 少し進んだ分析法

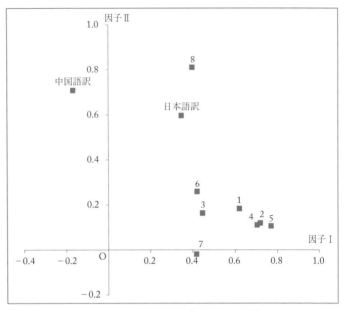

図7-4 変換解(バリマックス解)の因子負荷プロット

　これらの図は、座標軸が因子(潜在変量)を表し、座標平面上にプロットされた「■」、すなわち、各観測変量が2つの因子をどの程度反映しているかを表しています。注意して見ていただきたいのは、初期解の図7-3と変換解の図7-4とで「■」の相互関係は同一であることです。初期解と変換解

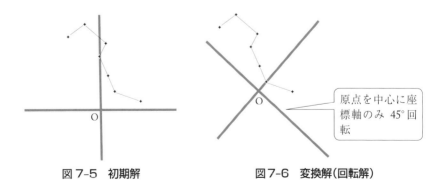

　　図7-5　初期解　　　　　　図7-6　変換解(回転解)

とで異なるのは座標軸の位置です。このことは星座の例で考えてみるとわかりやすいでしょう。

図 7–5 は北斗七星を座標上に表したものです。座標軸を原点を中心に 45°回転させると図 7–6 のようになります。星座の形は変わりませんので、図 7–5 と図 7–6 では星の位置関係に違いはありません。ただ、座標軸との位置関係が異なり、座標上の値が違うだけです。図 7–3 と図 7–4 はこれと同じように、座標軸が原点を中心に回転した位置関係になっています。(このことから、「変換解」を「回転解」ということもあります)。このため「■」の相互関係に変わりはありませんが、各座標軸上の値は変化します。変換解では、座標軸上の値が一方の因子では 0.0 に近い値を、もう一方では ＋1.0 か −1.0 に近い値をとるようになっています。このことは、その観測変量には 0.0 に近い値を示す因子は反映せず、±1.0 に近い因子が反映しているということを表します。このように変換(回転)解をベースに因子の解釈を行います。なお、図 7–4 では座標軸が直交していますが、このような変換解を「直交解」と呼びます。

初期解は表 7–3 を見ると、中国語訳の問題で第Ⅱ因子の因子負荷が大きいのを除いて、全体として第Ⅰ因子の因子負荷の値の方が大きい傾向が見られます。大問 8(文字)と日本語訳の問題は第Ⅰ因子の因子負荷が大きいですが、第Ⅱ因子の因子負荷もそれに近い値を示しています。図 7–3 を見ると、中国語訳の問題以外は、座標平面の第 1 象限と第 4 象限の右方に位置していて、第Ⅰ軸がその真ん中を通っています。

これに対して、変換解(バリマックス解)は表 7–4 によると、大問 1(語彙)から大問 7(読解)までは第Ⅰ因子の因子負荷が大きく、大問 8(文字)、日本語訳の問題、中国語訳の問題では逆に第Ⅱ因子の因子負荷が大きくなっています。図 7–4 でも中国語訳の問題を除いて、座標平面のほぼ第 1 象限内に位置づけられています。ただし、大問 1(語彙)から大問 7(読解)までが第Ⅰ軸に近い位置にあるのに対して、大問 8(文字)と日本語訳の問題は第Ⅰ軸から離れて上方にあります。第Ⅱ軸で見ると中国語訳の問題と同じ程度の高さです。

そうすると、ここでとりあげた、10 の大問から構成される日本語テスト

124　Ⅲ　少し進んだ分析法

は大きく分けると、2つの大問グループに分けることができそうです。

　これに対して変換後の座標軸が斜交する（交差する角度が 90°ではない）変換解もあります。これを斜交解と呼びます。斜交解で得られた因子パタンを表 7–5 に、座標平面上にプロットしたものを図 7–7 に示してあります。表 7–1（117 ページ）で例示した因子パタンは実は斜交解を表していました。図 7–7 ではコンピュータから図を出力するときの制限で、座標軸が直交していますが、実際には斜交解の因子間相関係数がこの例では 0.416 で、座標軸は 65.4°の角度で交差しています。この様子を実態に即して描いたものが図 7–8 です。

　なお、各観測変量と因子との関係を表すのに、既に述べたように「因子負荷」が用いられ、各観測変量の座標平面上での位置「■」で表されますが、直交解では「因子負荷」が観測変量と因子との相関係数に一致します。このため、上記のような解釈をすることができます。なお、この相関係数の値を「因子構造」といいますが、直交解では「因子パタン」と「因子構造行列」とが一致します。これに対して、斜交解では、「因子パタン」と「因子構造行列」の 2 種類が出力されます。因子パタンは各観測変量の「重み係数」の値の（斜交）座標平面上の位置「■」を表す「因子負荷」の行列であるのに対して、「因子構造行列」は観測変量と因子との相関係数、すなわち、因子構造の行列を表します。

　図 7–8 では、大問 1（語彙）から大問 7（読解）が第Ⅰ軸に近接した位置にあるのに対して、大問 8（文字）、日本語訳の問題、中国語訳の問題が第Ⅱ軸に近接した位置にあることが明らかで、この日本語テストの大問が 2 つのグループに分かれることが、より明確になっています。

　次に、この結果を踏まえて、2 つの因子が何を表しているのかを解釈します。ただし、斜交解の場合には 2 つの因子が相関をもっている（何らかの関連性をもっている）ことに気を付けて解釈しなければなりません。

　この例の場合は、第Ⅰ因子が「総合的な日本語能力」を、第Ⅱ因子が「日本語と中国語を対照する能力」を表していると解釈できます。大問 8（文字）が第Ⅱ因子の因子負荷が大きいのは、語彙や読解と異なり文字は中国語との相違点を認識する必要があり、またそのような知識が出題されているためだ

と考えられます。

表7-5 変換解（プロマックス解）の因子パタン

大問	因子Ⅰ	因子Ⅱ
1	.622	.055
2	.743	－.037
3	.440	.073
4	.729	－.043
5	.801	－.063
6	.390	.182
7	.453	－.116
8	.234	.781
日本語訳	.230	.562
中国語訳	－.349	.801

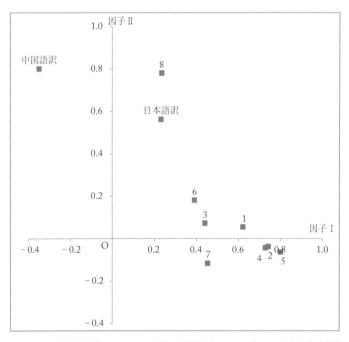

図7-7 変換解（プロマックス解）の因子パタンのプロット（直交座標）

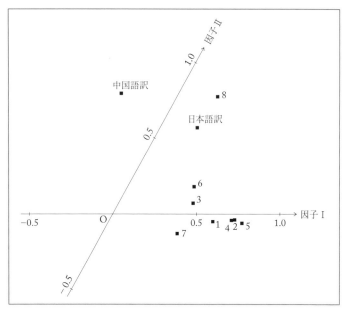

図7-8 変換解(プロマックス解)の因子パタンを斜交座標にプロット(斜交座標)

7.5 因子分析の解

　多くの統計分析ソフトでは複数の解が計算できるようになっていますので、統計ソフトを使うためにはこれらの術語を知っておいた方がいいでしょう。多くの場合、初期解では、最小二乗解、最尤解、主因子解などが、変換解では、バリマックス解、プロマックス解などが使われます。これらの特徴は表7-6に簡潔にまとめて示しました。

　なお、因子分析は一度計算して終わるものではなく、適切な解釈ができるまで、因子の推定方法(最尤法、主因子法など)を変えたり、因子軸の変換(回転)方法(プロマックス回転、バリマックス回転など)を変えたり、因子数を変えたりして、何度も分析します。変換解に関して、直交座標軸を仮定する直交解よりも、座標軸間に相関を許容する斜交解の方が正確で望ましいかというと、必ずしもそうではありません。私たちは直交座標系の世界に住み、ものを考えていますし、座標軸が90°ではなく、80°で座標軸が交わっ

第7章 因子分析 127

表 7-6 因子分析の解と特徴

初期解	最小二乗解	「観測された相関係数(行列)」と「因子分析モデル」から計算される相関係数(行列)とのズレが全体として最小になるように解を定める方法です。
	最尤解	観測されたデータを分析して、母集団での因子構造を推定する方法です。ただし、観測変量が母集団で多変量正規分布していることが条件となります。
	主因子解	従来最もよく用いられていた解で、数理的には最小二乗解と同一ですが、計算アルゴリズムが異なっています。
変換解 (回転解)	バリマックス解	因子が相互に直交する(相関がない)ことを仮定して、観測変量と特定の因子との関連がわかりやすく表現される解です。因子の表す内容を解釈するのに便利です。
	プロマックス解	因子が相互に関係をもつ(相関をもつ)ことを仮定して、観測変量と特定の因子との関連がわかりやすく表現される解です。因子の表す内容を解釈するのに便利ですが、バリマックス解と異なり、因子の内容を解釈するのに因子間の相互相関を考慮しなければならない点に注意が必要です。

ている状況を想像することは極めて困難です。直交座標系で解釈できる限り、その方が解釈しやすいのです。また、斜交解の座標軸間の角度は分析に用いられたデータに依存して決まります。すなわち、データを得る集団が変わったらそれに対応して角度も変わります。もちろん、斜交解の方が適切な解釈ができる場合は、斜交解を用いることが望まれます。どちらが正しいかではなく、具体的なデータを分析した時にどちらで解釈するのが適切であるかを考えることが大切です。ただ、斜交解の場合には因子間に相関があることの実質的な意味を考えて解釈する必要があります。両方の解を計算して、研究内容との適合について解釈して、最終的な判断を下すことが望ましいのです。

このように因子分析は試行錯誤を繰り返しながら、最終結果に到達する分析道具です。もう少し詳しいことが知りたい読者は、因子分析の専門書を参照して下さい。

それと、因子分析の結果を解釈するに際しては、分析のもとになったデータ数やデータを得た集団の性質などに配慮して結果から一般的な結論を導く必要があります。たとえば、中国語母語話者だけのデータを分析しても、日本語学習者全体の様子を推測することはできません。分析の方法も大切ですが、研究で実験や調査・測定を実施する際の実施計画をしっかり立てておくことが大切です。ここがしっかりしていないと、実際の日本語教育に有用な成果を得ることはできないことに注意して下さい。

7.6 SPSS での計算例

7.4で扱った中国の大学におけるテストの例を統計分析ソフト SPSS で計算してみましょう。

①変数ビューへの入力

他の検定と同様に行います。変数ビュータブを選び、各変数の情報を入力します。

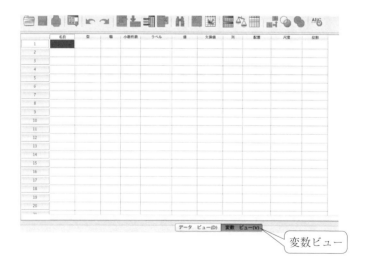

因子分析で必要になるのは各大問（大問1から大問10）の得点ですが、必

要に応じて、個人を特定するラベル（受験番号）や合計点を入力します。各大問（大問1から大問10）の得点の尺度は「スケール」を選びます。

型：数値
尺度：スケール

②データの入力

各受験者の情報を入力します。

③分析

画面の上部の分析メニューから「次元分解」を選び、「因子分析」を選びます。

左に提示されている変数名から分析に必要な変数を右の「変数」に移動さ

せます。

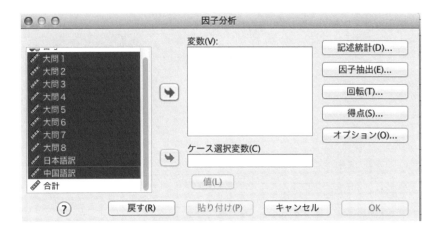

右にある「因子抽出」を選びます。

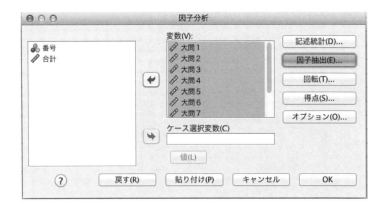

　下記図の画面になるので方法は「主成分分析」とし、分析の「相関行列」、表示の「スクリープロット」を選びます。抽出の基準は「固有値に基づく」とし、固有値の下限を「1」とします。そして、「続行」をクリックし、次の「因子分析」の画面で「OK」をクリックします。

第7章　因子分析　131

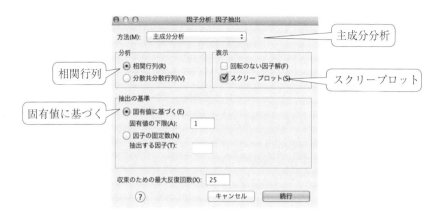

次のような結果が提示されます。この結果から因子数を2つに決定します。

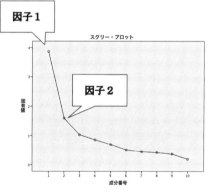

再度、画面の上部の分析メニューから「次元分解」を選び、「因子分析」を選びます。そして「因子抽出」というボタンをクリックすると下記画面に戻るので、方法を「主因子法」、分析を「相関行列」、表示は「回転のない因子解」、抽出の基準は「因子の固定数」を選び、先ほどの結果から因子数を「2」と決定したので「抽出する因子」に「2」と入力して「続行」をクリックします。

III 少し進んだ分析法

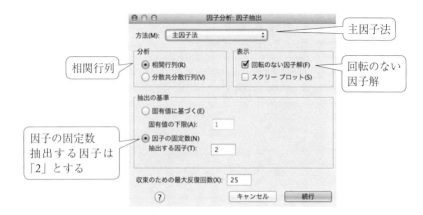

次に、因子分析の画面に戻りますので、「回転」を選びます。「回転」の画面で「プロマックス」を選び、表示は両方にチェックを入れます。そして「続行」を選び、「因子分析」画面で「OK」をクリックします。

第 7 章　因子分析　133

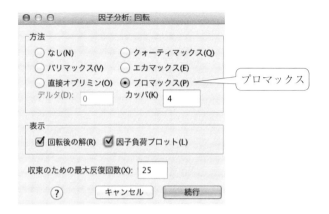

回転後の因子プロットが表示されます。

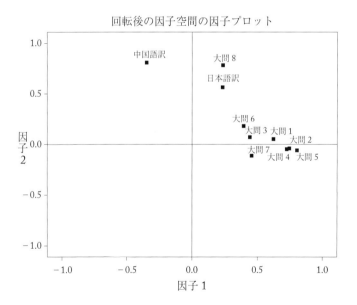

なお、ここで得られたプロマックス解の図は本来は座標軸が斜交していますが、ソフトウェアの制限から直交座標上に因子パタンがプロットされています。因子間相関の大きさにも注意して結果を解釈して下さい。

問題

1.

因子分析を行った結果、次のようなスクリープロットが得られました。それぞれの例では、いくつの因子と考えたらいいですか。

①
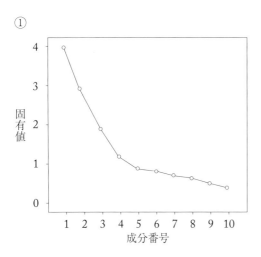

②
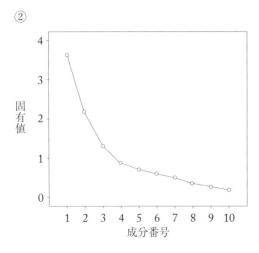

2.

一二三 (2010) は、アジア系留学生を対象として質問紙調査を実施し、共生的学習を促進する過程を考察しています。ここでは、質問紙調査のうち「自他文化に関する評価・認知」に関する 10 項目の結果を示します。因子分析（主因子法、バリマックス回転）を行った結果、2 因子が抽出されました。次の表（因子パタン）を見て、因子 1 と因子 2 の内容を表す名前を考えてください。

	因子 1	因子 2
日本人は、私の民族を尊敬している	.833	.171
日本人は、私の民族に対して好意を持っている	.817	.116
日本人は、私の民族の文化や習慣をよく理解し、尊重してくれる	.741	.215
日本人は、私の民族の将来に関心を持ち、期待している	.707	.132
日本人は私の民族の歴史・文化に興味を持っている	.606	.123
日本の習慣・行動様式を積極的に取り入れたい	.118	.833
日本文化をすばらしいと思う	.207	.808
日本の文化や慣習をもっと勉強したい	.165	.797
日本人をとても素晴らしいと思う	.221	.690
日本の習慣・行動様式など自国に紹介し普及させたい	.056	.455

次の段階の学習に向けて

　この本を読んで、数式を少し使って統計法を理解したくなったとか、もっと進んだ統計的方法について知りたい、と思った方も少なくないと思います。それは、私たちが想定した役目が果たせたということで、私たちにとっても嬉しいことです。この本の最後に、そういう方々のために参考になる本を紹介します。

　ここに挙げた本以外にも「いい本」は沢山ありますし、そもそも「いい本」というのは、読者が何を求めているのか、あるいは学習目的によっても変わってきます。そのことを前提として参考にして下さい。

　なお、ここでは考え方や論理構成にふれず「こうすればできる」というマニュアル本は挙げていません。それは、やはり統計的方法を理解するには、考え方や論理構成を無視することができないからです。

　最初に、本書を読んで、さらに統計的記述や推測の方法に関して、少し数式も使って理解したいと感じる方のために、以下の本をご紹介します。

1）山田剛史・村井潤一郎（2004）『よくわかる心理統計』ミネルヴァ書房
　読者対象を基本的には心理学関係者に置いていますが、内容は心理学の中で用いられる統計的方法というよりは、日本語教育研究でも必要となる基本的な統計的方法がとりあげられています。内容はたとえば、「Ⅵ　2つの平均を比べよう（t検定）」、「Ⅶ　3つ以上の平均を比べよう（分散分析）」など本書でとりあげた事項がカバーされています。見開きで解説され、計算手順が丁寧に説明されています。

　本書で基本的な考え方を学んだ方々にとっては、少し数式を用いた記述があることによって、より深い理解が得られると思います。

138

2) 石川慎一郎・前田忠彦・山崎誠　編著 (2010)『言語研究のための統計入門』くろしお出版

　「日本語教育」に限らず、「言語教育」、それも最近発展の著しいコーパス研究やテキスト・マイニングを念頭に置いて統計的方法が解説されています。本書で述べた基本的な方法を解説した後に、たとえば、クラスター分析やコレスポンデンス分析など、主として計量言語学関係の研究で用いられる統計的方法がとりあげられています。最近の研究の動向を把握するための基礎力をつけるのに適切な本といえます。

3) 石井秀宗 (2014)『人間科学のための統計分析—こころに関心があるすべての人のために』医歯薬出版

　対象は広く人間科学を専門にする読者を念頭に書かれた本です。基本的な方法から、最近用いられるようになった方法までかなり広範囲にとりあげられています。数式は決して多くはありませんが、少なくはありません。それをしっかり補って、概念的にわかりやすい解説が加えられています。国際的な学術誌への論文掲載を目指す方にとっては、必読の本だと思います。

　英語で読むことが苦にならない方には、

4) Bachman, L. F. (2004) *Statistical Analyses for Language Assessment*, Cambridge University Press.

5) Bachman, L. F., & Kunnan, A. J. (2005) *Statistical Analyses for Language Assessment Workbook*, Cambridge University Press.

をお薦めします。著者は言語テストの最先端をいく研究者として有名ですが、4) では外国語能力に関する測定・評価研究で用いられる統計的方法が初心者向けにわかりやすく解説されています。たとえば、「1. Basic concepts and terms」、「7. Stating hypotheses and making statistical inferences」、「8. Tests of statistical significance」、「Appendix: Statistical tables」で統計的方法と統計的推測で必要な数表が用意されています。その他の章でも、テストの信頼性や妥当性を評価するための統計的方法がとりあげられています。タイトルに「for Language Assessment」とあり、著者が言語テストの研究者であるだけ

に、外国語教育の関係者には読みやすい内容になっています。

5)は4)のワークブックで、実際に問題を解きながら理解していくことができます。

次に、統計法も包含した研究法の学習に進みたい方は、次の本を読んでみてください。

6)西村純一・井上俊哉(2016)『これから心理学を学ぶ人のための研究法と統計法』ナカニシヤ出版

　第Ⅰ部が「研究法」、第Ⅱ部が「統計法」の二部で構成されています。本書の読者は何らかの方法に基づいてデータを得て、それを分析するために統計的方法の原理を知りたくて、ここまで読み進めてきたと思います。そのデータを得るための「研究法」と合わせて読むことによって、理解がより進みます。計算式も具体的な数値が入っていて、シグマ記号など数式に慣れない人にもわかりやすく提示されています。適用例は心理学ですが、心理学の理論を知らなくても理解に差しつかえはありません。本書の次に読むと、知識と理解の幅が広がると思います。

7)本田弘之・岩田一成・義永美央子・渡部倫子(2014)『日本語教育学の歩き方—初学者のための研究ガイド』大阪大学出版会

　この本は「日本語教育学」の研究分野を広く紹介し、研究を大きく「質的研究」と「量的研究」に分けて、そこで用いられる研究法について解説しています。日本語教育を専門とする方が自分で研究を始める前に一読することが薦められます。ただ、統計的方法そのものを扱った章は少なく、本書を読み終えたあと、統計的方法を「日本語教育研究」の中に位置づけ、整理するのに有用だと思います。

8)竹内理・水本篤　編著(2014)『外国語教育研究ハンドブック　改訂版』松柏社

　英語教育における研究法が念頭に置かれて書かれていますが、書名に「外

国語教育」とあるように方法自体は日本語教育でも適用可能です。「量的研究」と「質的研究」の両方がとりあげられていますが、「量的研究」の方に重きをおいた構成になっています。統計的方法としては、「第8章　ノンパラメトリック検定入門」「第13章　多変量解析入門」「第14章 SEM 入門」「第16章　メタ分析入門」などで、最近よく用いられるようになってきた方法が解説されており、自分自身の研究で利用しない場合でも、学術誌に掲載された論文を理解するのに役に立つと思います。

　また、言語テスト・データの分析について、より詳しく学習したい方のために、以下の本をお薦めします。

9) J. D. ブラウン（和田稔　訳）(1999)『言語テストの基礎知識』大修館書店
　この本では、教室場面での学習成果（習得度）を測定する個別テストや、一般的な外国語能力（プロフィシェンシー）を測定する大規模言語テストを開発するために必要な統計的方法に関する基礎知識や考え方を解説しています。その中で、「第4章　テスト結果の記述」「第5章　テスト得点の解釈」「第6章　相関」が本書でとりあげた「統計的記述」に対応しています。日本語教育でテストを作成する機会のある読者に、マニュアルとしてではなく、しっかり理解するために役に立つと思います。

10) 野口裕之・大隅敦子 (2014)『テスティングの基礎理論』研究社
　この本は、日本語教育関係者を主たる読者対象として、大規模外国語テストの開発・評価に関する理論や実際的な問題について解説しています。「第4章　テスト項目の分析」「第6章　テストの信頼性の検討」では、本書での学習成果が基礎になります。また「第7章　項目応答理論」では、最近話題になることの多い「IRT: Item Response Theory」に関する基本的な解説が詳しく、確率モデルが導入されている点で本書からさらに進んだ内容になっています。「第10章　パフォーマンス測定に関する分析」では、外国語での産出能力を測定する際に必要になる統計分析法が解説されています。本書を読んだ後でいきなりこの本に進むとやや難しく感じるかもしれません

次の段階の学習に向けて　141

が、関心のある部分をピック・アップして概要を知る、という読み方もできると思います。

　最後に、書籍ではなく必要な事項を取り出して調べたい場合には、次の事典がお薦めです。

11）近藤安月子・小森和子　編著（2012）『研究社日本語教育事典』研究社
　日本語教育の内容を包括的に含む事典ですが、第16章に「統計」、第17章に「テスティング・評価」を含んでいる点に特徴があります。たとえば、帰無仮説、t検定、χ^2検定、クロス集計、分散分析、因子分析（第16章）や項目分析、妥当性、信頼性、一般化可能性理論、項目応答理論（第17章）などの術語や方法の解説がコンパクトに収められていて、読みやすく構成されています。

　最初にも述べましたが「いい本」というのを一般的に示すのは極めて難しいことです。「いい本」を探している方のこれまでの学習履歴や背景知識や経験などによって、「いい本」の基準が変わるからです。とにかく統計的方法のマニュアルが欲しい方もいれば、考え方をしっかり理解したい方もいるでしょう。また、実験・調査系の研究を実施したり、その成果論文を理解するために「いい本」を探している方もいれば、自分自身がテスト開発に携わっている、あるいは、自分自身がテスト開発に関わらないが大規模テストの結果を日本語学習者に解説する必要があるという方もいると思います。
　そうなると、結局は「いい本」の基準は必ずしもひとつとは限らないということになります。ここで紹介した本は、本書の著者が一般的に見て「いい」と考えたものです。他にも「いい本」は沢山あると思います。読者のみなさまには、実際に書店で実物を見て、自分に合いそうかどうかを判断して下さい。本の装丁や頁のデザインも大切かもしれません。
　本書の読者のみなさまが次の一歩を踏み出すために、お役に立てば幸いです。

143

問題の解答と解説

Ⅰ　統計の基礎1　統計的記述
第2章
1.　①名義尺度　②間隔尺度　③順序尺度　④比(率)尺度

①「クラス」は数字で表されていますが、数値的な意味はないので名義尺度と判断できます。

②「テスト」は間隔尺度か比(率)尺度か迷うと思います。テスト得点が0点だとしても「能力がない」というわけではない(絶対原点はない)ので、間隔尺度と判断できます。

③「授業満足度」の数字の間隔は主観的に判断され、単に順序を表すだけですので、順序尺度となります。

④10回の授業のうち、Aさんは9回、Bさんは7回、Cさんは5回出席したとすると、それぞれの出席率は90％、70％、50％となります。90％と70％の差、70％と50％の差は、それぞれ出席回数にすると2回分となり、間隔は等しいといえます。また、ゼロという絶対原点がありますので、比(率)尺度となります。

2.　漢字テスト

平均値±1標準偏差を基準にするとわかりやすいでしょう。漢字テストの場合は、64点(平均値−1標準偏差)から76点(平均値+1標準偏差)が平均値±1標準偏差です。このテストで80点を取った人は、この範囲の外にいます。一方文法テストは、58点(平均値−1標準偏差)から82点(平均値+1標準偏差)が平均値±1標準偏差です。このテストで80点を取った人は、この範囲の中に入ります。つまり、漢字テストの方が順位が上だ(その集団の中で漢字能力の方が文法能力より高い)といえます。

3.

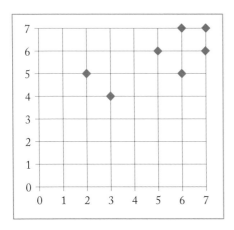

0.7 程度(正確に計算すると 0.713)

この図では、横軸(X 軸)を「読む」、縦軸(Y 軸)を「聞く」としましたが、横軸と縦軸が逆でも構いません。

応用問題

1. 平均値 30　分散 200

平均は、次のように計算できます。
　$(10 + 20 + 30 + 40 + 50) \div 5$
分散は、次のように計算できます。
　$\{(10-30)^2 + (20-30)^2 + (30-30)^2 + (40-30)^2 + (50-30)^2\} \div 5$

2.　0.8

相関係数を計算するために、それぞれのテストの標準偏差と両テストの共分散を計算する必要があります。

文法テストの分散は、上記 1 で計算した通り 200 です(標準偏差は$\sqrt{200}$)。自己評価の得点の分散は同じく 200 です(標準偏差は$\sqrt{200}$)。

共分散は、次のように計算できます(21 ページ「参考」参照)。

各学習者の「(文法テスト得点 − 文法テスト平均点) × (自己評価得点 − 自己評価得点平均点)」を計算し(学習者 A の場合、$(10 - 30) \times (20 - 30) = 200$)、平均を求めます($800 \div 5 = 160$)。

相関係数は、共分散(160)を両テストの標準偏差の積(文法テストの標準偏差 × 自己評価の標準偏差, $\sqrt{200} \times \sqrt{200} = 200$)で割ります($160 \div 200 = 0.8$)。

Ⅱ　統計の基礎2　統計的推測

第3章

1.　①両側検定　　②片側検定

① 英語母語話者の方が学習期間が長い場合も、逆に韓国語母語話者の方が学習期間が長い場合も可能性としてあるので、両側検定となります。

② 学期開始時と終了時の文法テストの難しさが同じであれば、平均値は終了時のほうが高いと考えられるので、片側検定となります。

2.　①検定仮説を棄却する　　②検定仮説を採用する

① 両者の間には差がないという仮説のもとでは、.002(0.2%)の確率でしか起こらない(つまり、めったに起こらない)データが得られたということなので、検定仮説を棄却します。

② 両者の間には差がないという仮説のもとで、.258(25.8%)の確率で起こる(つまり、比較的多く起こる)データが得られたということなので、検定仮説を採択します。

第4章

1.　対応のある t 検定

対象者は29人の学習者で、それぞれの2種類の観測データを比較するので、対応のある t 検定となります。

2.

等分散性の検定の結果、有意であったため($p < .05$)、ウェルチの t 検定を行った。その結果、日本で学習しているタイ語母語話者とタイで学習しているタイ語母語話者の間には、聴解テストの得点に有意な差があることが明らかになった($t(37) = 2.626, p = .012$)。

下の表の「等分散性のための Levene の検定」の結果を見ると、有意確率が .049 なので(.05以下)、両者の分散の間には有意差があると判断できます。そこで、「等分散が仮定されていない」の行の「2つの母平均の差の検定」(つまり t 検定)の結果を見ます。t 値は

2.626、自由度（*df*）は 37.132（ただし、自由度を報告する際、整数としますので 37 となります）、有意確率は .012 と書かれています。有意確率が .012 ということは、5％以下なので、検定仮説を棄却します（つまり有意な差があります）。これを表すと、「$t(37) = 2.626, p = .012$」あるいは「$t(37) = 2.626, p < .05$」となります。

第5章
1.

	登場人物 A	登場人物 B	合計
はい	30	10	40
	(20)	(20)	
ええ	20	40	60
	(30)	(30)	
合計	50	50	100

登場人物 A の「はい」の期待度数は次のように計算します。

まず、全体（100 データ）のうち「はい」が使用されている割合を計算すると、40/100（0.4）となります。

この割合を登場人物 A にあてはめます。登場人物 A の合計は 50 なので、50＊0.4 で計算でき、20 となります。

2.

χ^2 検定の結果、漢字学習を楽しいと思っているかどうかは、母語が漢字圏か非漢字圏かとは有意な関連がないことが明らかになった（$\chi^2(2) = 0.633, p = .729$）。

2 つめの表を見ると、有意確率は .729（72.9％）ですので、検定仮説を採択します。つまり、母語による違いはないということになります。「漢字学習が楽しいかどうかは母語と関連はない」ということもできます。

Ⅲ　少し進んだ分析法
第6章
1.　二元配置
要因は「世代」と「語のカテゴリー」

「世代」の水準は「2世」「3世」「4世」の3水準
「語のカテゴリー」の水準は「料理に関する語」と「文化に関する語」の2
水準

世代の違い（2世、3世、4世）と語のカテゴリーの違い（料理に関する語、文化に関する語）
を見るので、二元配置となります。世代は、2世、3世、4世の違いを見るので3水準、
語のカテゴリーは、料理に関する語と文化に関する語を見るので2水準となります。

2.

一元配置の分散分析を行った結果、e-learning システムへのアクセス回数は
成績により有意に異なることが明らかになった（$F(2, 42) = 25.453$,
$p = .000$）。多重比較を行ったところ、上位グループと下位グループ、中位グ
ループと下位グループの間に有意な差があることがわかった。

2つめの表を見ると、自由度は2と42、F値は25.453、有意確率は.000ということがわ
かります。有意確率が.01（1％）以下ですから検定仮説を棄却します。$p = .000$ と書いても
$p < .01$ と書いてもいいです。多重比較を見ると、1と3の組み合わせの平均差が6.400で
アスタリスクが付されています。表の下に書かれているとおり5％水準で有意差があると
いうことがわかります。同様に、2と3の組み合わせも有意差があることがわかります。

第7章
1.
① 3

固有値が1以上のものは4つありますが、4つめからなだらかな線となっていますので3
つと考えるのが妥当です。

② 2

固有値が1以上のものは3つありますが、3つめからなだらかな線となっていますので2
つと考えるのが妥当です。

2.
一二三（2010）では、次のように命名しています。

因子1：自文化評価認知

因子2：日本文化評価

148

上から 5 項目は因子 1 で大きな値を示しているので、この項目の内容から因子 1 の名前をつけます。下の 5 項目は因子 2 で大きな値を示していますので、この項目の内容から因子 2 の名前をつけます。

引用文献

久保田美子（2006）．ノンネイティブ日本語教師のビリーフ―因子分析に見る「正確さ志向」と「豊かさ志向」―．『日本語教育』130, 90–99.

三枝令子編著（2004）．日本語 Can-do-statements 尺度の開発．科学研究費補助金研究成果報告書.

島田めぐみ・三枝令子・野口裕之（2006）．日本語 Can-do-statements を利用した言語行動記述の試み―日本語能力試験受験者を対象として―．『世界の日本語教育』16, 75–88.

島田めぐみ・澁川晶（1999）．アジア 5 都市の日系企業におけるビジネス日本語のニーズ．『日本語教育』103, 109–118.

孫愛維（2008）．第二言語及び外国語としての日本語学習者における非現場指示の習得―台湾人の日本語学習者を対象に―．『世界の日本語教育』18, 163–184.

張勇（2013）．日本語学習者の異文化態度に関する意識調査―日本語専攻の中国人学生を対象に―．『日本語教育』154, 100–114.

一二三朋子（2010）．多言語・多文化社会での共生的学習とその促進要因の検討―日本におけるアジア系留学生を対象に―．『日本語教育』146, 76–88.

村田香恵（2012）．トピックの選択は日本語学習者にとって有利となりえるか．『日本言語テスト学会誌』15, 173–184.

森山卓郎（2009）．『国語からはじめる外国語活動』35–38、慶應義塾大学出版会.

谷内美智子・小森和子（2009）．第二言語の未知語の意味推測における文脈の効果―語彙的複合動詞を対象に―．『日本語教育』142, 113–121.

索　引

A–Z

Bonferroni（ボンフェローニ）法　95

F 比　94

F 分布表　106

Tukey（テューキー）法　95

t 検定　44, 51

T 得点　16

t 分布　45

z 得点　13

Z 得点　13, 16

χ^2 検定　72

い

一元配置の分散分析　90

因果関係　24

因子　114

因子間相関　116

因子構造　124

因子数　115

因子数の決定　118

因子パタン　115, 120

因子負荷　115

因子分析　113

う

ウェルチの t 検定　54

か

回帰係数　30

回帰式　30

回帰直線　28, 29

回転解　118, 123

確認的因子分析　114

確率変数　48

仮説　40

仮説を棄却　41

片側検定　44

間隔尺度　4

間隔変数　5

観測度数　71

観測変量　114

き

棄却域　43

期待度数　71

帰無仮説　44

曲線相関　27

く

クロス集計表　69

け

決定係数　31

顕在変量　114

検定仮説　44
ケンドールの一致係数　26
ケンドールのτ　26

こ
交互作用　96, 97
混合モデル　105

さ
最小二乗解　127
採択域　43
最尤解　127
残差分析　73
残差平均平方和　94
残差平方和　93
散布図　17

し
斜交解　124, 126
主因子解　127
従属変数　90
自由度　45, 53, 55
主効果　94, 96
順序尺度　4
順序変数　4
条件間平方和　93, 94
初期解　118, 120

す
水準　90
スクリー・プロット　115
スピアマンの順位相関係数　25

せ
正規分布　13, 14
潜在変量　114

そ
相関行列　119
相関係数　17, 21
相関比　26
素点　15

た
対応のないt検定　54
大数の法則　40
対立仮説　44
多重比較　95
探索的因子分析　114
単純効果　98
単純主効果　98

ち
中央値　9
中心極限定理　40
直交解　123

つ
釣り鐘形曲線　14

と
等分散性の検定　54
等分散性のための Levene の検定　61
独立変数　90
度数分布表　6

索引 153

に
二元配置の分散分析 95

は
バリマックス解 127

ひ
比(率)尺度 5
比(率)変数 5
ヒストグラム 6
標準化 12
標準得点 13, 15
標準偏差 10, 11, 12
標本 37
標本分布 38

ふ
プロマックス解 127
分散 10, 11, 12
分散分析 89

へ
平均値 8, 9
変換解 118, 120
偏差値 15
変数 3
変量 3
変量モデル 105

ほ
母集団 37
母数モデル 105

む
無作為抽出 37
無作為標本 37
無相関検定 46

め
名義尺度 3
名義変数 4

ゆ
有意確率 41
有意水準 41

よ
要因 89

り
離散型変数 48
両側検定 43

れ
連続型変数 48

【著者紹介】

島田めぐみ（しまだ めぐみ）

1963 年生まれ。東京都出身。2006 年名古屋大学大学院博士後期課程修了（心理学博士）。東京学芸大学講師、准教授、教授を経て、日本大学大学院教授。
〈主著〉「日本語語彙認知診断テスト」『日本語教育のための言語テストガイドブック』（くろしお出版、2015 年、分担執筆・共著）、「ハワイ日系人の日本語」『オセアニアの言語的世界』（渓水社、2013 年、分担執筆）、「どう評価するか」『日本語教育を学ぶ―その歴史から現場まで【第二版】』（三修社、2011年、分担執筆）

野口裕之（のぐち ひろゆき）

1952 年生まれ。大阪府出身。1978 年東京大学大学院教育学研究科教育心理学専門課程博士課程中途退学。1985 年教育学博士（東京大学）。名古屋大学教育学部助教授、教授、名古屋大学大学院教育発達科学研究科教授を経て、2017 年 3 月定年退職。名古屋大学名誉教授。
〈主著〉「項目反応理論の概要」ほか『組織・心理テスティングの科学―項目反応理論による組織行動の探求』（白桃書房、2015 年、共編著）、「大規模言語テストの世界的動向：CEFRを中心として」『日本語教育のための言語テストガイドブック』（くろしお出版、2015 年、分担執筆）、『テスティングの基礎理論』（研究社、2014 年、共著）

日本語教育のためのはじめての統計分析

Introduction to Statistical Analysis for Japanese Language Education
SHIMADA Megumi and NOGUCHI Hiroyuki

発行	2017 年 11 月 6 日　初版 1 刷
	2023 年 9 月 20 日　　　2 刷
定価	1600 円＋税
著者	© 島田めぐみ・野口裕之
発行者	松本功
装丁者	上田真未
印刷・製本所	三美印刷株式会社
発行所	株式会社 ひつじ書房
	〒 112-0011 東京都文京区千石 2-1-2 大和ビル 2 階
	Tel.03-5319-4916 Fax.03-5319-4917
	郵便振替 00120-8-142852
	toiawase@hituzi.co.jp　https://www.hituzi.co.jp/

ISBN978-4-89476-862-8

造本には充分注意しておりますが、落丁・乱丁などがございましたら、
小社かお買上げ書店にておとりかえいたします。ご意見、ご感想など、
小社までお寄せ下されば幸いです。

［刊行書籍のご案内］

統計で転ばぬ先の杖
島田めぐみ・野口裕之著　　定価 1,400 円＋税

学術論文においても、統計手法の基本的な誤りを含むものが少なからずある。そこで本書では、統計手法を用いる時に気をつけるべきこと、今まで統計の書籍で取り上げられてこなかった「やってはいけない」ことを、特に日本語教育分野を例にまとめた。グラフ・表からサンプル数の考え方まで、すぐに役立つポイントや注意点を広く取り上げている。ウェブマガジンでの人気連載に、例や項目の大幅な加筆をして書籍化。

ベーシック応用言語学　第 2 版　L2 の習得・処理・学習・教授・評価
石川慎一郎著　　定価 2,100 円＋税

初版刊行以降の動向、CEFR の補遺版や新指導要領の実施などを反映して大幅改定。また、新章として外国語教育における多様性と包摂性の問題、批判的応用言語学について論じた章を加える。外国語はどのように習得されるのか、どのように指導するのが効果的なのか、どうすれば能力を正しく測定できるのか…。第 2 言語(L2) の習得・処理・学習・教授・評価の問題を統合的に位置づけ全体像を示す。外国語教育に関わるすべての人に必携の書。